オフシーズン、ゲレンデ外でも実力を伸ばせる

スキーオフトレ実践バイブル

JN074614

すぐに取り組める
フィジカル
&
テクニック
強化

監修
SIAデモンストレーター20期 久慈 修
SIAデモンストレーター14期 久慈 直子

MATES-PUBLISHING

はじめに PROLOGUE

本書は、すべてのスキーヤーに向けて書いたオフトレーニングのハウツー本である。

そのトレーニングは往々にして単調で辛いものである。しかし環境によっては楽しく行うことができる。

「環境」に含まれるものでは仲間が最重要である。一人より二人が良い。二人より四人が良い。仲間がいると、数の数え合いもできるし、パートナーに回数を決めてもらうのも悪くない。タイムの計りっこもできる。自分で数えてると、どうしても数が重くなるが、パートナーが数えてくれると、何故か頑張れる。

「場所」も大切である。毎日同じところで同じ内容を繰り返すのがトレーニングだとも言えるが、天気の良い日は芝生を求め、天気の良くない日は近くのトレーニング施設を利用する。時には足を伸ばして山へ行って軽く走ってみるのも良い。

そして、トレーニングはあくまでも何かの目標があって行うものなので、日々データを残すのも大切だ。ノートにつけたり、スマートフォンに記録を残したりするのも楽しい。

三日坊主でもいい。三日できたら上等。一日休んで、また三日。そうしているうちに、ちょっと苦しいくらいの負荷のトレーニングが楽しくなってくる。

そうしたらしめたもんや。さあ、ポケットに小銭突っ込んで、ジョギングがてらトレーニングノートを買いに行こうではないか。

久慈直子

HOW TO USE
本書の使い方

本書は、どのページからでも読めるように構成しています。ですがはじめてご覧いただく方のために、本書の使い方を説明します。

タイトル
習得する技術や特徴を1文にまとめています

POINT
タイトルの内容を習得する際に、ポイントとなる項目をまとめています。

具体的な説明
このページで習得する内容を、文章で解説しています。

04 SKI OFF-SEASON TRAINING ▸▸▸ RUN TRAINING

ラントレーニング04

全力で地面を蹴って身体をできるだけ前に運ぶ

回数の目安 ▸▸▸ 50m程度×5〜10往復

POINT 傾斜に合わせて接地する部位を変える

POINT 下りのほうがスキーに運動が直結する

走りながら下半身が強化できる

坂道ダッシュでは、身体(重心)を前に運ぶための前傾角が磨かれます。また平地以上に力強く地面を蹴る必要があるため、下半身の筋力強化にも適しています。スキーにより近い感覚や筋力強化のためには、上りよりも下りのほうがよいのですが、普段トレーニングをしていなかったり、筋力が少ない方には危険です。まずは上りを繰り返し、慣れてきたら徐々に勾配の緩い坂を使ってみましょう。

スペースがあれば仲間と競争したり、チームを分けてリレー形式にすると楽しめます。

26

各ポイント

ポイントに取り上げた内容の解説が書かれています。

写真

各ポイントの動きの写真です。

うまくできないときは

できないときに見直す動きやうまくできるコツを紹介しています。

ゲレンデで活きるポイント!

このページの動きがゲレンデでどう活きるかをまとめています。

CONTENTS

スキー　オフトレ実践バイブル
すぐに取り組めるフィジカル&テクニック強化

もくじ

PART 4
柔軟&体幹トレーニング

本書ではオフトレの目的を「3つの柱」と位置づけています。もちろんスキーが上手になることが最終的な目標ですが、そのためにはそれぞれのトレーニングメニューの目的を理解し、実施することが大切です。

オフトレで スキーがうまくなる

INTRODUCTION

INTRODUCTION

オフトレで鍛える3本柱

オフトレの3本柱とは?

オフのトレーニングでは、どこに着目するかでいろいろな考え方や切り取り方がありますが、**重要視しているのは、「瞬発系」、「持久系」、「コンディショニング」の3つ**になります。

「瞬発系」を鍛える目的は、主に**エッジング時の瞬間的なパワーを発揮することと肉体的な判断**のためです。とくにショートターン系のクイックな動きをするときに、かなり必要になります。

「持久系」を鍛える目的は、主に50秒以上のレース時に**ゴールまで筋肉を使い続けるため**です。ゲレンデでのスキーでは、ある程度の距離を滑ると息が上がる場合がありますし、筋肉が悲鳴をあげることもあります。スキーの楽しみの1つにロングコースを滑ることがありますので、長い距離を極端な疲れを感じずに滑るためには、持久力が必要です。それにバックカントリーやパウダースキーが目的の方は山を登る体力が必要になるため、やはり持久力が求められます。

スキーは瞬発系と持久系の中間の身体能力が必要

「コンディショニング」を行う目的は、**あらゆるアクシデントに対応するための高い身体能力を得ることと、ケガを未然に防ぐ柔軟性をつけること**です。本書ではある程度の年齢の方が子どもの頃に遊びでやった内容もあります。「なんだ、そんなのできるよ」と思われるかもしれませんが、大人になると遊びでやっていた「さかさまになる」「思い切りジャンプする」「がむしゃらに全身を動かす」などの動きをしなくなり、思った以上にできなくなっている可能性もあります。コンディショニングトレーニングの動きは、転倒したときに手が出たり、受け身を取ったりなど、とっさの動きにつながり、それがケガを防ぐことにつながります。

スキーというスポーツは、**「瞬発系」と「持久系」の中間的な身体能力が必要**ですので、トレーニングの基本としては、「瞬発系」と「持久系」を織り交ぜ、同時にコンディショニングを加えます。そうすることで、スキーに必要なフィジカルを複合的に鍛えることができるのです。

INTRODUCTION

瞬発系トレーニング時のポイント

記録を取ることとスキーにつながる種目を行う

瞬発系のトレーニングは、できるだけタイムを計ります。**記録をつける習慣づけを持つことや、以前との記録の比較やよい記録が出た時の達成感**など、いろいろな面で活きてきます。

さらにスキーでの身体の使い方ができるような工夫を取り入れます。本書の種目では「地面を力強く捉えて蹴り出す崖での上り下り（22ページ）」や「よいポジションで重心を谷側へ移動させる（34ページ）」などがこれに当たります。

地道なトレーニングを続けることも大切ですが、ときには視点を変えたり、遊びを交えた種目も必要です。サッカーやバスケットボールなどの球技をしたり、鬼ごっこや缶蹴りなどの遊びを取り入れたりして、**飽きない工夫をしながら続けて**ください。

INTRODUCTION

持久系トレーニングのポイント

タイムトライアルの種目と参考タイム（小学生で実施）

400m×3～5本	▶	100秒～120秒前後
800m×3～5本	▶	3分30秒～4分前後
1,000m×3～5本	▶	4分30秒～5分前後
5,000m×1本	▶	27分～37分

瞬発系と持久系を組み合わせてトレーニングを行う

11ページでも書きましたが、スキーでは瞬間系と持久系の中間である、中距離系の持久力のような能力がメインだと考えています。そのために「瞬発系」と「持久系」のトレーニングを分けるのではなく、組み合わせたサーキット的なトレーニングを中心に行います。ときどき「瞬発系と持久系のどちらをメインにやればいいですか？」と質問されますが、どちらというよりも、両方を組み合わせることが大事だと答えています。

持久系でスキーの要素が多く入っているのは、「斜面に対応しながら持久力をつける（32ページ）」などです。

住んでいる地域の環境に左右されるトレーニングメニューもありますが、メニューどおりできなくても、工夫をしながら取り入れてください。

INTRODUCTION

コンディショニングトレーニングのポイント

負荷の強い柔軟運動で身体能力を向上させる

コンディショニングトレーニングの主な内容は、負荷の強い柔軟運動になります。メニューはPart 2と4で紹介しますが、おおよそ「器械体操」「ラダートレーニング」「ジャンプ系」「ステップワーク系」「補強（腕立て、腹筋、背筋、側筋など）」です。

コンディショニングトレーニングの重要性は、次の３つがメインになります。

①視覚や聴覚を使い、瞬時に動きに変えることができる（高い調整力を身につける）
②普段の生活では取らない体勢（逆さま・回転など）に脳を慣らす
③関節の可動域を広げることで筋肉の柔軟性を養う

メニューによって、首や腰に痛みを抱えている場合は行わないほうがよいトレーニングもあります。各ページで注意事項として記していますので、この点は十分に注意してください。

INTRODUCTION

ウォーミングアップの目的と内容

いちばんの目的はケガの予防

これからはじめるトレーニングでいろいろな激しい動きをする前に、ウォーミングアップを行います。

ウォーミングアップの目的は、**「筋肉をほぐして筋肉の温度を上げる」「(筋肉をほぐすことで) 関節の可動域を広げる」などがありますが、いちばんはケガの予防**です。ストレッチ的な筋肉を伸ばすメニューと動的な体操とがありますが、いずれにせよ筋肉を温めながら熱を持たせて、身体を温めることが目的となります。

ウォーミングアップの目的を理解していなかったり、早くメインとなるトレーニングをしたいからといって、ウォーミングアップを中途半端にするケースがありますが、これはよくありません。できるだけ30分から１時間ほどしっかりと時間を取ってウォーミングアップを行います。

身体の柔らかい子どもたちでも十分な時間を使いますから、**大人はより時間をかけて行う必要があります。**

INTRODUCTION

ウォーミングアップのメニュー例

メニュー1

股関節周りのアップ

30〜50mの距離を往復しながら、片道ずつ種目を変えます。主な目的は股関節周りの柔軟で、この後のトレーニングでしっかりと動かせる股関節を作っておきます。股関節は疲れがたまりやすいため、十分にアップをしておきます。

①身体の前でモモ上げ

おへその横辺りに手を置き、その手にぶつけるつもりで交互にヒザやモモを上げながら前に進みます

②身体の後ろに足上げ

腰の後ろ辺りに手を置き、その手にぶつけるつもりで交互にカカトを上げながら前に進みます

③身体の外側に足上げ

腰の横に手を置き、その手にぶつけるつもりで交互に足を上げながら前に進みます

④身体の内側に足上げ

股の中心辺りに手を置き、その手にぶつけるつもりで交互に足を上げながら前に進みます

メニュー2

全身のアップ

30〜50mの距離を往復しながら、片道ずつ種目を変えます。股関節を十分に動かすための上半身の位置やバランスを整えます。背骨（頚椎から腰椎まで）の１つひとつの骨や関節、筋肉を動かす意識を持ちましょう。ゆっくりと行うことが大切です。

①大きく踏み出し沈み込む

大きく１歩前に踏み出し、深く沈み込みます。この動きを左右交互に行いながら前に進みます

②上半身をまっすぐに伸ばして沈み込む

両手と上半身をまっすぐに伸ばした状態を作り、大きく１歩前に踏み出してから深く沈み込みます。この動きを左右交互に行いながら前に進みます

③沈み込んだら上半身を捻る

頭の後ろで手を組み、大きく踏み出してから深く沈み込み、上半身を捻ります。この動きを左右交互に行いながら前に進みます

④沈み込んだら上半身を傾ける

両手と上半身をまっすぐに伸ばした状態を作ります。大きく１歩前に踏み出して深く沈み込み、身体を傾けます。この動きを左右交互に行いながら前に進みます

メニュー3

全身のアップ

体幹や関節と筋肉の柔軟性アップなどを行います。ここではいくつかの種目を紹介しますが、基本的には12種目程度を行います。奇をてらった種目をする必要はありません。全身をくまなくフォローできるようなメニューを、十分に時間をかけて30分から1時間ほど行います。

①プランクから手を真上に

プランクの姿勢から片方の足を後ろに引きながら、片方の腕を真上に伸ばします（写真は左足を引きながら左腕を上げる）。この動きを左右交互に30秒～1分ほど行います

②サイドプランク

横向きのプランクです。正面から見ても上から見ても、頭から足のつま先までが一直線になるよう保ちます。この動きを左右交互に30秒～1分ほど行います

③足を伸ばしてから頭のほうへ

1つひとつの関節や筋肉を動かす意識を持ちながら、足を真上に伸ばします。その状態からゆっくりとつま先を頭のほうへ近づけ、地面に着けます。この動きを数回繰り返します

④いろいろな運動

スラックラインやコーンを使ったダッシュ&ジャンプ、ラダーを使ったウォーミングアップです。このような種目を取り入れながら、全身をくまなく動かすような工夫をします

クールダウンについて

クールダウンの基本は、トレーニングをした時間と同じ時間行うことです。クールダウンについては108ページで詳しく紹介します。

PART 1

スキーでもっとも必要になる、瞬発系と持久系の中間の能力を鍛えます。地面をしっかりと踏み蹴ることを意識しながら行ってください。

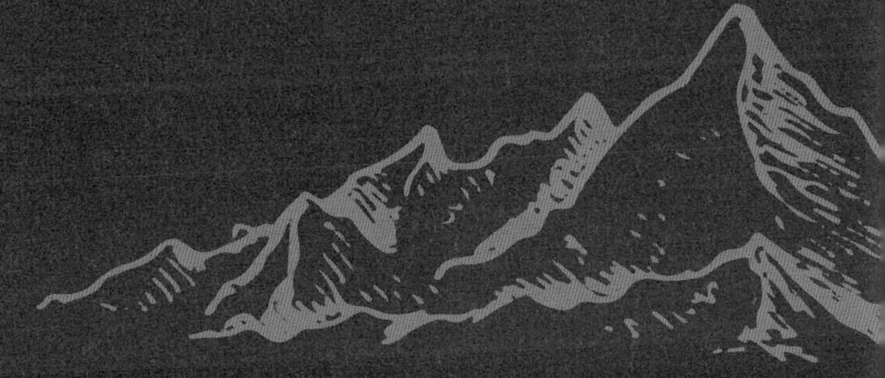

ラントレーニング

▶▶▶ RUN TRAINING

01 SKI OFF-SEASON TRAINING ▶▶▶ RUN TRAINING

ラントレーニング01

俊敏に動いてから身体を前に運ぶ

回数の目安 ▶▶▶ モモ上げ20回、抱え込みジャンプ10回、回転ジャンプ3往復、小刻み20秒

POINT
右の4種目を行う

POINT
4種目を終えたらすぐに30mダッシュ
※各種目のインターバルは15秒程度

しっかりと地面を踏み蹴って動く

ダッシュ系のトレーニングは主に瞬発力を鍛えられます。このトレーニングではダッシュ前に4種目の異なる動きをすることで、身体の動きを上下左右前後に切り替える動きも身につきます。これはハイスピードで滑っているときに、急にクイックに方向を変えるなどの動きにもつながります。

トレーニングの流れは、モモ上げを20回やったら30mほどダッシュをし、次に抱え込みジャンプを10回して30mほどダッシュのように、4つの運動とダッシュを組み合わせて5〜10セット行います。

種目説明

モモ上げ＆抱え込みジャンプ

外脚で確実に地面を捉えながら次の方向に踏み出す動きは、ターン中に必要な足首やヒザ、股関節の動きと似ている。走りながら行うことでより、大きな負荷に対してのトレーニングになる。ブーツの中では動きにくい、斜面に応じた足首を使う感覚も覚えられる。

種目説明

回転ジャンプ＆小刻み

回転ジャンプでは左回りをしたら右回りといった具合に3往復ジャンプをします。着地で多少ふらついても、身体を前に運ぶという指令を脳に送り、実践しましょう。とっさのリカバリーにつながる動きです。小刻みではしっかりと力強く地面を足で叩くようにします。

うまくできないときは

・5セットからはじめる
・インターバル（休憩）を長めにする

ゲレンデで活きるポイント！

☑ 上下前後左右に身体を動かす
☑ 力強く地面に荷重できる
☑ ふらついてもリカバリーできる

02 SKI OFF-SEASON TRAINING ▸▸▸ RUN TRAINING

ラントレーニング02

地面を力強く捉えて蹴り出す崖での上り下り

回数の目安 ▸▸▸ 50m程度×5〜10往復

しっかりと地面を踏み蹴って動く

ターン中の強い外力に耐えながら、自在にスキーを操作するためには、よい姿勢を取りながら外脚で雪面を捉えることが重要です。この練習では斜面をジグザグに駆けるため、身体に大きな負荷がかかります。その負荷に対して適正な姿勢(ポジション、外向傾姿勢)を保ちながら、進みたいほうへ力強く地面を蹴り出します。

また棒を横に持つことで身体の左右が連動して動きやすくなるため、よりスキーに近い姿勢が取れるようになります。難易度は高くなりますが、慣れたら棒を持ってダッシュをしましょう。

ジグザグに配置したコーンの間を走る

片側が平らで、片側が斜面というロケーションが理想です。このようにコーンを２列に配置し、その間をダッシュします。往復して走ることで両方のターンの動きができます。より速い滑りで求められる「内傾角に対する適応能力」も鍛えられるトレーニングです。

手に棒を持ってダッシュする

手に棒を持つことで、身体の左右が連動しやすくなります。向きを変えるときに谷側の肩を下げた外傾を意識すると、よりスキーに近い動きがやりやすくなります。また外脚で外力に耐えながら力を加える動きは、ターン中に感じにくい動きが鮮明になります。

うまくできないときは

・5セットからはじめる
・インターバル（休憩）を長めにする

ゲレンデで活きるポイント！

- 斜面に対するバランスの取り方
- 斜面へのパワフルな力の加え方
- （次のコーンに向かう）先行動作

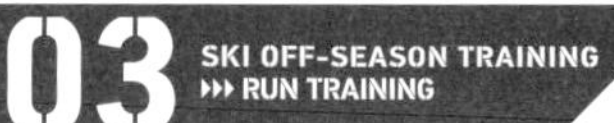

03 SKI OFF-SEASON TRAINING ▸▸▸ RUN TRAINING

ラントレーニング03

地面への力の加え方と加える方向を調節する

回数の目安 ▸▸▸ 400mや10分など距離と時間で区切る

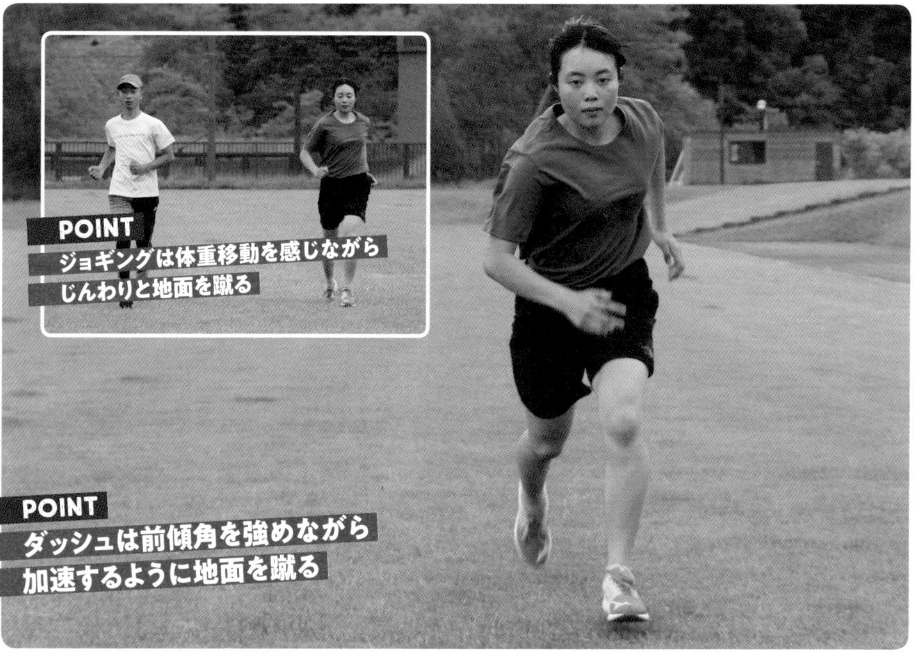

POINT
ジョギングは体重移動を感じながら
じんわりと地面を蹴る
POINT
ダッシュは前傾角を強めながら
加速するように地面を蹴る

地面に正確に力を加える

このトレーニングは、「ジョギングしている時に笛が吹かれたらダッシュ」のように、笛を合図にジョギングとダッシュを切り替えます。

走るスピードを変えるだけでなく、「どのように地面に力を加えるのか」を考え、踏み込む量や踏み込む方向、それに伴う姿勢を意識しながら行いましょう。

走るときのフォームがよくないと、的確に地面に力を加えられません。これはスキーでも同じことが言えます。この動きに意識を向けられる陸上のトレーニングで、自分の動きを確認しながら修正していきます。

ジョギングは体重移動を感じながらじんわりと地面を蹴る

軽く会話ができる程度で呼吸が乱れないくらいのペースで走ります。「足裏のどの部位で着地して、どの部位で地面を蹴るのか」「地面のどの方向に力を加えるのか」「上半身の適切な前傾角度はどの程度か」など、雪上でも使う動きを確認しながら走ります。

ダッシュは前傾角を強めながら加速するように地面を蹴る

ダッシュは全力で腕を振り、力強く地面を蹴ります。「どの方向に蹴る力を加えると、身体がより前に進むのか」「前に進むための適切な前傾角度はどのくらいだろう」などを意識します。前に進むスピードと荷重方向の関係は、滑りでも直接影響する要素です。

うまくできないときは

・よい動きができている人に動きを合わせる
・タイム計測をし、スピードアップを図る

ゲレンデで活きるポイント！

☑ スピードに合わせた荷重方向
☑ スキーをたわませる荷重

04 SKI OFF-SEASON TRAINING ▶▶▶ RUN TRAINING

ランとレーニング04

全力で地面を蹴って身体をできるだけ前に運ぶ

回数の目安 ▶▶▶ 50m程度×5～10往復

走りながら下半身が強化できる

坂道ダッシュでは、身体(重心)を前に運ぶための前傾角が磨かれます。また平地以上に力強く地面を蹴る必要があるため、下半身の筋力強化にも適しています。スキーにより近い感覚や筋力強化のためには、上りよりも下りのほうがよいのですが、普段トレーニングをしていなかったり、筋力が少ない方には危険です。まずは上りを繰り返し、慣れてきたら徐々に勾配の緩い坂を使ってみましょう。

スペースがあれば仲間と競争したり、チームを分けてリレー形式にすると楽しめます。

POINT 1 傾斜に合わせて接地する部位を変える

地面を力強く蹴るためには、着地も重要です。上りの場合、傾斜がきつければつま先から母指球辺りに体重が寄った着地になり、傾斜が緩ければ足裏全体での着地になります。身体が前に進まない場合には、傾斜と着地する部位がマッチしているかを確認しましょう。

POINT 2 下りのほうがスキーに運動が直結する

下りの場合、つま先側だけで着地するとどんどん加速してしまいます。しっかりとカカト側から着地をしてから足裏全体に体重を乗せ、スピードをコントロールしてから次の１歩を踏み出します。このときの足裏全体に体重を乗せる動きがスキーでも活きてきます。

うまくできないときは

- 急勾配を歩いて上ることからはじめる
- はじめは上る距離を短くし、セット数を増やす

ゲレンデで活きるポイント！

- ☑ 足裏全体での荷重
- ☑ 谷方向へ重心を落下させる動き

05 SKI OFF-SEASON TRAINING ▶▶▶ RUN TRAINING

ラントレーニング05

最速タイムを目指して走る

回数の目安 ▶▶▶ それぞれの距離のタイムを計る

POINT 身体への負担も考えて場所を選ぶ

POINT 疲労回復にも注意

毎回最速のタイムを目指す

タイムトライアルは100%の力で走り、タイムを計測するトレーニングです。走る距離は、200m、400m、600m、800m、1,000m、3,000mになります。ただしこれは競技選手用のメニューですので、自分の体力や筋力にあった距離からはじめてください。

またインターバル走もおすすめです。選手用のメニューは50m×12〜15本、100m×10〜12本、200m×6〜8本という強度の高い内容ですが、こちらも自分の体力に合わせて「がんばった!」と思えるくらいの距離と本数を設定してください。

POINT 1 身体への負担も考えて場所を選ぶ

タイムトライアルでは、200mから3,000mの6種目を計測しますが、身体、とくに足への負担も考慮して陸上トラックや土のグラウンドで行います。コンクリートは足への負担が大きくおすすめできません。できれば全種目同日に、インターバルを短めにして行います。

POINT 2 疲労回復にも注意

例えば週末にトレーニングをした場合、初日と2日目を比べると2日目のほうがタイムは遅くなります。疲労がたまりすぎるとトレーニングがケガの原因になりかねませんので、ハードなトレーニングは「やりきる」と「無理しすぎない」の両方を考慮しましょう。

うまくできないときは

- 無理をし過ぎない
- 計測種目を絞る

ゲレンデで活きるポイント！

- ☑ ターンサイズに合わせた力の使い方
- ☑ アクシデントにめげない気持ち
- ☑ 斜面の凹凸などへの対応力

06 SKI OFF-SEASON TRAINING ▶▶▶ RUN TRAINING

ランドトレーニング06

がむしゃらに全身を使う 崖駆け上がり

回数の目安 ▶▶▶ 上りは全力、下りはゆっくりで5〜10セット

全身を極限まで動かす

このトレーニングはフォームがどうよりも、「がむしゃらでいいから登れ!」です。日常生活や一般的なトレーニングでは、身体をがむしゃらに使う機会はほとんどありません。「とにかく登る」ことに集中し、それぞれの部位がバラバラになってもよいので駆け上りましょう。

また棒を持つことで上半身の動きが制限され、より下半身を中心に使うようになります。さらにスキーで重要な上半身のバランスを保つ感覚も養えます。

途中で手をついてもよいので、止まらずに登りきりましょう。

全身を使って駆け上がる

棒を持つことで上半身が制限されますが、傾斜に合った前傾角度を取ることで、駆け上がりやすくなります。上半身は安定させて身体を運ぶ方向を決め、下半身で地面を蹴る動きで身体を前に運ぶというスキーの本質となる動きを養いましょう。

根性で止まらずに登りきる

がむしゃらさを引き出すのは、「なんとしても登りきる」という気持ちです。「いまどき…」と言われるかもしれませんが、何かをやりきるためには必要な要素だと考えています。仲間と競争しながら行うと、写真の笑顔のように楽しみながらできるかもしれません。

うまくできないときは

・棒を持たずに挑戦する
・手をついてもよいから登りきる

ゲレンデで活きるポイント！

- 下半身中心の動き
- アクシデントにめげない気持ち
- 身体を前に運ぶ感覚

07 SKI OFF-SEASON TRAINING ▸▸▸ RUN TRAINING

ランントレーニング07

斜面に対応しながら持久力をつける

回数の目安 ▸▸▸ 状況に合わせて1～3時間程度

POINT アップダウンに身体を合わせる

POINT 自分でペース配分を決める

身体を安定させながらアップダウンを走る

平地のラントレーニングとは違い、山やスキー場などのアップダウンのあるコースを走って登るトレーニングです。主な目的はアップダウンを登ることで持久力をつけることと、精神力の強化をすることです。

このような条件が整っているケースはそれほど多くありませんが、都会でも少し足を延ばせばトレイルランニングができる場所が見つけられます。頻繁には行えないかもしれませんが、凹凸に合わせて下半身を動かしたり、上半身を安定させるなど、スキーに必要な能力が総合的に鍛えられます。

POINT 1 アップダウンに身体を合わせる

スキー場や丘などは、足元がランダムに起伏しており、アップダウンもあります。このような状況では蹴る動作に集中できる平地とは異なり、起伏に合わせて足首やヒザ、股関節を柔軟に動かしてバランスを取ったうえで地面を蹴るという、総合的な能力が鍛えられます。

POINT 2 自分でペース配分を決める

このトレイルランニングは、本来タイムを競うレースですが、まずはタイムにこだわらずに、距離や勾配に合わせたペース配分をしながら走ります。何日かこの練習を繰り返して慣れてきたら、タイムを計ったり、タイムトライアルをしていきましょう。

うまくできないときは

- ジョグくらいのペースで登る
- 距離が短い丘などからはじめる

ゲレンデで活きるポイント！

- ☑ 足元の関節から動かす
- ☑ 足首・ヒザ・股関節を連動させる
- ☑ 凹凸への対応力

08 SKI OFF-SEASON TRAINING ▸▸▸ RUN TRAINING

ランントレーニング08

よいポジションで重心を谷側へ移動させる

回数の目安 ▸▸▸ 上りは全力、下りはゆっくりで5〜10セット

POINT 着地＝飛び出せる姿勢

POINT 谷側へ重心を落下させる

[すぐに飛び出せる姿勢で着地する]

クローチングの姿勢を取り、傾斜をジャンプしながら下っていくトレーニングです。下半身の強化が大きな目的ですが、いろいろな点が雪上での動きにつながります。

例えば、雪面にスキーを貼りつけておくときの足首・ヒザ・股関節の主要3関節の使い方は、まったく同じ動きになります。さらに重心を移動していく方向や地面へのプレッシャーの加え方も滑りと同じです。 特に大事なポイントは着地した姿勢やポジションが、すぐ次に飛び出せる状態であること。ここを意識しながら連続で飛び下ります。

着地＝飛び出せる姿勢

着地のときには、主要３関節を曲げて衝撃を吸収します。また同時にこの姿勢は、次にジャンプをするための力がたまった状態であることが理想です。特にターン後半から切り換えにかけてのポジションや体重の乗せ方に、そのまま活かせるトレーニングになります。

谷側へ重心を落下させる

地面を踏み蹴る動きと連動して、重心を谷側に運びます。この動きがないと上方向へのジャンプになってしまい、谷側方向へ飛び出せません。１回のジャンプで遠くに飛べることと、着地してすぐに飛び出せることを両立するためには重心の移動が大切で。

うまくできないときは

・緩やかな傾斜で行う
・1回ずつ遠くへジャンプする

ゲレンデで活きるポイント！

- 斜面へのプレッシャーの加え方
- 主要３関節の柔軟な使い方
- 重心の谷側への移動

コラム①

メニューに抗う前に作戦を練る

走るトレーニングは、簡単なようでとても難しい。特に小中学年の子どもたちにとってはジョギングが難しいようで、スピードのコントロールがわからないうえに、距離や時間を目安として想像できないようである。

だから長い距離のジョギングは事前に2、3コースを決めておき、今日はAコース、今日はBコースのように子どもたちが想像できるようにしておくことが重要だ。

涼しくなった頃から10km程度の長距離走をするのだが、走る様子を遠目に見るのは実に頼もしい。ただ黙ってゴールまで一人きりで自分と戦っている様子が素晴らしい。

私は言う。「スタートしてしもたら、なんとしてでもゴールまで行かないと終わりは来ない。途中でもうええよ、ってことはない」と。

以前、朝の集合時からぶつぶつと、「先生、今日も走るの？　嫌だな…」と言った子がいた。私は「走るために今日ここに来たんやし、そんなん言うんやったら最初から来なくてもええやん。来たからには諦めて頑張るしかないねんで」といった覚えがある。なかなか厳しいことを言ったかもしれないが、その子はそれから頑張るようになった。

与えられたその事に抗わず、「どうやってその事をクリアしようか」と想像し、作戦を練ることのできる精神の持ち主こそがよいアスリートへと育つのである。

PART

動ける身体とケガをしにくい身体の土台となる「関節の可動域アップ」「筋肉の柔軟性アップ」が目的です。無理をせず、できる範囲で行ってください。

コンディショニング トレーニング

▸▸▸ CONDITIONING TRAINING

01 SKI OFF-SEASON TRAINING ▸▸▸ CONDITIONING TRAINING

コンディショニングトレーニング01

滑りの源となる調整力を鍛える

回数の目安 ▸▸▸ 10〜20m×5往復程度

POINT
腰の高さを変えない

POINT
できるだけゆっくりと動く

四つんばいで低い姿勢のまま進む

ハイスピードでもバランスや身体の軸を保ち、素早く動き続けるためには全身の筋肉や体幹の強さ、そして調整力が必要です。

調整力とは神経の働きによって運動中の姿勢を調整してバランスを取ったり、機敏に巧みに運動を行ったりする能力になります。このパートで紹介する多くのトレーニングは、様々な動きを通じて、この調整力を鍛えることが目的です。

このスパイダーウォークは四つんばいの姿勢から両方の手と足を大きく開き、できるだけ腰やお尻の高さを変えずに進みます。

腰の高さを変えない

アメンボのようなイメージで、四つんばいから右手と左足、左手と右足のように、対角線にある手足を一緒に動かして前後に進みます。また前後に進むときは頭からカカトまでのラインをできるだけ一直線にし、常にその直線を保ちながら動いていきます。

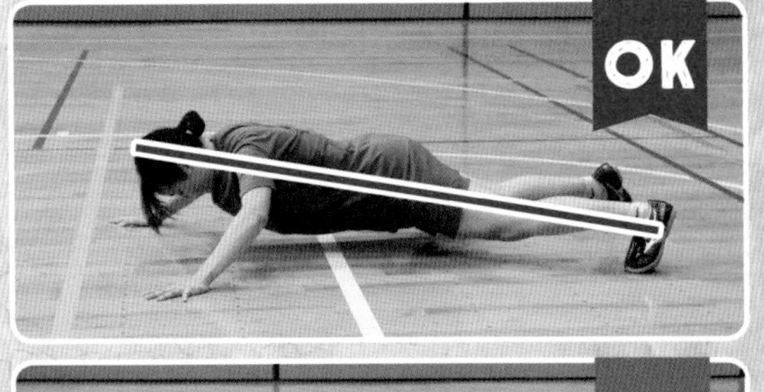

できるだけゆっくりと動く

勢いよく手足を動かして進むと腰が上がりやすいだけでなく、身体の各部位の動きを意識したり、調整したりすることができません。身体や筋肉への負荷は大きくなりますが、できるだけゆっくりと手足を動かし、各部位の動きを感じながら進みましょう。

うまくできないときは

- 頭を上げないようにすると腰が浮きにくい
- 短い距離からはじめる

ゲレンデで活きるポイント！

- ☑ バランス保持能力
- ☑ スキーに対しての働きかけ
- ☑ ケガを防ぐ柔軟性の強化

02 SKI OFF-SEASON TRAINING ▸▸▸ CONDITIONING TRAINING

コンディショニングトレーニング02

身体の軸を保ち 大の字のまま回転する

回数の目安 ▸▸▸ 左右5回ずつ、20mなど回数や距離を決める

POINT
お尻を上げ下げしない

究極の調整力強化トレーニング

スパイダーウォークと同様に身体の軸を真っすぐに保ったまま大の字になります。この姿勢をできるだけ維持して、同じほうの手足を同時に動かして身体を回転させます。

1回1回に時間がかかってもかまいませんので、できるだけゆっくりと、そして休み休みやってみましょう。なるべくお尻を上げたり下げたりせずに、あばらの辺りから回転させます。

ただしこのトレーニングは強度が高く、常に首を持ち上げます。そのため体力に自信がない方や首の調子がよくない方は、このトレーニングは避けてください。

お尻を上げ下げしない

どうしてもお尻が上がったり下がったりする人は、腹筋と背筋が上手くコントロールできていなかったり、よい姿勢を保てないことが原因です。「腹筋や背筋を緊張できる時間だけ動いて休む」を繰り返しながら、ゆっくりと挑戦してみてください。

うまくできないときは

- 足が上がらないときはあばら辺りからの回転を意識する
- 腹筋と背筋を緊張させる

ゲレンデで活きるポイント！

- ☑ 腹筋と背筋を使った姿勢の維持
- ☑ スキーにダイレクトに力を加えられる姿勢

03 SKI OFF-SEASON TRAINING ▸▸▸ CONDITIONING TRAINING

コンディショニングトレーニング03

股関節を使った下半身の強化

回数の目安 ▸▸▸ 30m程度

ジャンプと着地をスムーズに繰り返す

棒を置いたりラインを引いたりしてセンターを決め、センターが身体の中心に来るように立ちます。そこから股関節の伸展を使って高くかつ前方にジャンプをし、股関節で衝撃を吸収するように着地します。また棒を肩に担いで上半身の動きを制限し、より下半身を動かすようにします。ジャンプと着地がスムーズに連続できればOKです。

股関節や下半身の筋力が不足していると、徐々に立ちぎみの姿勢で休憩してから飛ぶといった「間」ができやすくなります。間を作らずにできるだけ連続して跳びましょう。

POINT 1

足裏全体に体重を乗せた状態でジャンプ

このトレーニングは連続してジャンプを繰り返します。理想は着地した姿勢がそのままジャンプを始動する姿勢になることです。速く跳ぼうとしてつま先だけでジャンプをすると、下半身全体ではなくふくらはぎの負担が大きくなるため、何回も繰り返し跳べません。

POINT 2

ヒザを開いて着地する

着地の際に次のジャンプのためのタメを作るためには、ヒザを開いて深く沈み込みます。そうすると下半身の筋肉全体を使えるため、連続して高くジャンプをすることができます。またヒザを開いて沈み込むことで、股関節の動的な柔軟性も養えます。

うまくできないときは

・着地=ジャンプの始動の姿勢を理解する
・動きを確認しながらジャンプする

ゲレンデで活きるポイント!

☑ 下半身全体でスキーにプレッシャーをかける
☑ 安定したポジションで上下動ができる

04 SKI OFF-SEASON TRAINING ▸▸▸ CONDITIONING TRAINING

コンディショニングトレーニング04

ペアで上半身&腕と下半身を強化する

回数の目安 ▸▸▸ 30m程度。途中の笛で5～10回ほど腕立て伏せを入れる

POINT
笛の合図で腕立て伏せ

POINT
腕立て伏せに合わせてスクワット

それぞれが筋力を鍛えられるトレーニング

このトレーニングは手押し車ですが、いくつかのバージョンがあります。

1つは一定の距離を腕の力で進むオーソドックなものです。持つ人はヒザの横を持って抱えます。

次に笛の合図で5～10回ほど腕立て伏せをし、その後再び前に進みます。また抱えている側の人は、腕立て伏せに合わせてスクワットを入れるバージョンもあります。

腹筋や背筋が弱いと、身体がグニャンとなるため、持つ人も上手く持てません。どうしてもできない場合は、腹筋や背筋を強化してからトライしましょう。

POINT 1

笛の合図で腕立て伏せ

手押し車で進むときは、身体の軸を真っすぐに保つことが大切で、軸がないと自分も持つ人も大変です。お腹を地面に近づけない（下げない）ように意識をし、軸を真っすぐに保ちましょう。また進行方向に顔を向けることで、軸を保ちやすくなります。

POINT 2

腕立て伏せに合わせてスクワット

ヒザを抱えているほうのトレーニングです。重さ（手押し車をしている人）が身体の前にあるため、しっかりとカカト側にも体重を乗せ、バランスを崩さないようにします。腕立て伏せをしているパートナーとタイミングを合わせて行いましょう。

うまくできないときは

・ヒザの辺りを抱えてもらう

・腹筋と背筋を強化してから再チャレンジする

ゲレンデで活きるポイント！

☑ 上半身の安定した構え

☑ 身体の軸ができる

05 SKI OFF-SEASON TRAINING ›››CONDITIONING TRAINING

コンディショニングトレーニング05

跳ぶ&しゃがむで全身のパワー強化

回数の目安 ››› 30〜50m×1〜3往復

POINT 休まずに動き続ける

POINT 相手に合わせて馬の高さを変える

ジャンプと馬役を繰り返す

グループで行う馬飛びです。1グループ3〜5人ほどになり、できるだけ休む時間がないようにします。

昔ながらの子どもたちの遊びですが、調整力や瞬発力を鍛えられたり、全身のパワー強化になるため、トレーニングとしても十分に効果的です。

ジャンプをする人は馬の背中の中心に手をついて、高く遠くへ跳びます。また馬役はグラグラしないように手をヒザや足首に当てておきます。

いくつかのグループで競争したり、笛の合図で逆方向に跳ぶなどアレンジして、楽しみながらやってみましょう。

1 休まずに動き続ける

瞬発力を鍛えるためには、俊敏にいろいろな動きを取り入れたトレーニングが有効です。1人がジャンプしたら、すぐに次の人が動きはじめるようにし、ひと呼吸などの休みを入れずに動き続けましょう。ただし安定した馬が作れなければ、少し休みを入れましょう。

2 相手に合わせて馬の高さを変える

一人ひとり身長や体格が異なるため、馬の高さも人に合わせて変えましょう。写真のように丸まったり、足首を持ったり、ヒザを持つことで、高さが調節できます。ペアが動き出してから馬役が急に高さを変えると危険なため、注意してください。

うまくできないときは

・馬役がフラフラしない

・馬役同士が適度な間隔を空ける

ゲレンデで活きるポイント！

☑ 主要3関節の俊敏な動き

☑ 細かい凹凸への対応力

06 SKI OFF-SEASON TRAINING ▸▸▸ CONDITIONING TRAINING

コンディショニングトレーニング06

外向傾姿勢を作りながら連続ジャンプ

回数の目安 ▸▸▸ コーン30～50個程度×2～5往復

POINT ジグザグに並べたコーンを跳ぶ

POINT 着地前に外向傾姿勢を取る

スラロームジャンプでコーンを左右に跳び越える

蛇行して並べたコーンを、スラロームのように左右にジャンプして越えていくトレーニングです。脚力の強化と同時に、上半身と下半身の逆ひねりや外向傾姿勢を取ることも求めらえるため、雪上での動きによく似た身体の動かし方が必要になります。

このトレーニングでも着地したら間髪入れずにジャンプをし、素早く前に進んでいきます。横に持った棒は、外向傾姿勢をしっかりと作るためにも使えます。着地をする前に、着地足の外足側に下げ（右に跳んだら右足側）、その姿勢で足をついていきます。

1 ジグザグに並べたコーンを跳ぶ

写真のようにコーンをジグザグに並べます。また均等ではなく横幅や縦幅を不規則にすることで、常に先を見る視線の先行も身につきます。斜面でも足首から動かすように、このトレーニングでもつま先を次のコーン方向へ向けるようにして跳びます。

2 着地前に外向傾姿勢を取る

外スキーへプレッシャーを加えるときに表れるのが外向傾姿勢です。適度な上半身と下半身の逆ひねりから生まれる外向と、谷側の肩が下がった外傾を意識しましょう。この動きはショートターンの動きに近いため、雪上でもトレーニングの成果が活きてきます。

うまくできないときは

- ペースを落としてジャンプする
- つま先をコーンへ向ける動きを意識する

ゲレンデで活きるポイント！

- 外足への荷重と外向傾姿勢
- 足元からのスキー操作
- 逆ひねりと視線の先行

07 SKI OFF-SEASON TRAINING ▸▸▸ CONDITIONING TRAINING

コンディショニングトレーニング07

次の動作をスムーズに導く「脳からの指令」の強化

回数の目安 ▸▸▸ コーン50個前後＋ハードル10個前後×2〜5往復

ランダムなリズムを先読みしてクリアする

48ページのスラロームジャンプにハードルを加えたバージョンになります。スラロームジャンプの「左右のポジションコントロール」と「瞬発的なリズム」に加えて、さらにランダムな動きになり、運動要素が急に大きくなったり速くなったりします。このリズム変化に対応するためには、より早い次の動きへの「脳からの指令」が必要になります。

雪上では陸上よりもハイスピードのなかで「脳からの指令」が必要になるため、雪上よりは少し余裕がある陸上で、この能力を鍛えておきましょう。

POINT 1 左右と縦に加え高さも不規則になる

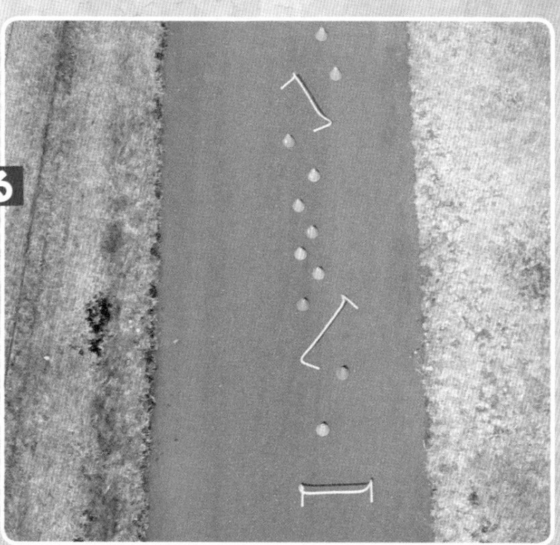

このトレーニングが難しいのは、ハードルによる高さの変化です。ハードルをクリアする際に靴を上げようとすると引っかかることが多くなります。靴ではなくヒザを上げるようにしましょう。そのためには腹筋や股関節も使って全身で跳ぶことが重要です。

POINT 2 ストックを使うと実践的だが難易度アップ

48ページのスラロームジャンプも同じですが、ストックを持ったほうが実践的になります。けれどもストックも絡めた全身的な動きが身についてないと、逆に難易度が上がってしまいます。ストックワークが苦手な方は棒やストックを横に持ちましょう。

うまくできないときは

- ゆっくりのスピードで先読みしていく
- ヒザを上げるジャンプを心がける

ゲレンデで活きるポイント!

- ☑ コースの先を読んで準備ができる
- ☑ リズム変化への対応力アップ
- ☑ エキスパートはストックワーク

08 SKI OFF-SEASON TRAINING ▸▸▸ CONDITIONING TRAINING

コンディショニングトレーニング08

動きの土台になる股関節周りを大きく動かす

回数の目安 ▸▸▸ コーン30〜50個程度×2〜5往復

動かす部位を意識しながらゆっくりと行う

股関節は大きな関節で、「すごくにぶい動きしかしない」「強くねばりのある動きをする」という特徴があります。滑りでは、身体のたわみなどに使われます。

なかでも重要なのは股関節の横の部分（鼠径部）で、スキーをたわませたり、プルークをしたりと、あらゆる動きに使われます。

このトレーニングは大きく踏み出しながら股関節を使うことが目的です。ゆっくりと歩きながら、どの部位を使っているのかを意識します。慣れないうちはケガを防ぐために、短い距離でゆっくり正確に行ってください。

POINT 1 ゆっくりと踏み出し 腕を真っすぐに伸ばす

52ページの動きのバリエーションです。踏み出したらゆっくりと上半身と腕を伸ばしていきます。頚椎から腰椎まで、すべてを真っすぐに立てていく意識を持って行います。まずは52ページの動きを繰り返しトレーニングをし、できてきたら取り入れてください。

POINT 2 ゆっくりと踏み出し ゆっくりと上半身をひねる

この動きもバリエーションの1つです。スキーではあばらと骨盤の間の骨がない部分に疲労がたまりやすいのですが、この動きはその部位のストレッチにもなります。呼吸を止めずに、上半身を真っすぐに立ててから左右にひねっていきます。

うまくできないときは

・股関節の柔軟性が少ないうちは、軽めで十分
・無理をしない

ゲレンデで活きるポイント！

- 股関節周りを意図的に動かせる
- スキーをたわませる動きの強化
- 適度な身体のたわみができる

09 SKI OFF-SEASON TRAINING ▸▸▸ CONDITIONING TRAINING

コンディショニングトレーニング09

バランスを取りながらハムストリングスの強化

回数の目安 ▸▸▸ 1歩ずつスクワット×2〜3往復

ゆっくり確実に筋力を発揮させる

不安定な平均台の上でスクワットを行う、バランスとハムストリングスの強化が目的のトレーニングです。モデルはトップレベルの選手のため、かなり深くまで沈み込んでいますが、ここまで深く沈み込まなくてもOKです。沈み込みが浅くても十分に効果があります。

動きで気をつけることは、ゆっくりと行うことです。ハムストリングスにじわじわと刺激が入るようにゆっくり動かします。

人はゆっくりと動くことにストレスを感じやすいのですが、そこは我慢して、ゆっくりと動く習慣をつけましょう。

ゆっくりと沈み込み、ゆっくりと立ち上がる

バランスよく動くためには、使う部位だけでなく、重心や他の部位にも意識を持ちます。主導となる筋肉（ここではハムストリングス）を使いながら、一緒に重心が下がったり上がったりするイメージを持てると、バランスを保ったまま動きやすくなります。

極端な上下の動きは使わない

滑りでも急激な動きは極端な抜重動作となり、不安定になる要因です。エキスパートなスキーヤーほど、適度にスキーや雪面に力を加えたなかで、強めたり緩めたりといった動きをします。ゆっくり長く力を加える感覚を、このようなトレーニングで養いましょう。

うまくできないときは

・沈み込みを浅くする
・平均台ではなく線などを引いて行う

ゲレンデで活きるポイント！

- 常に一定の圧を加えられる
- バランスが崩れにくくなる

10 SKI OFF-SEASON TRAINING ▸▸▸ CONDITIONING TRAINING

コンディショニングトレーニング10

全身のパワーと調整力を複合的にレベルアップ

回数の目安 ▸▸▸ 4～6種目×1～3セット

POINT
正しく素早く動くラダートレーニング
POINT
素早く進む方向を切り替えるジグザグコーン

種目の組み合わせ例

ラダー
ジグザグコーン
スラロームジャンプ（48ページ）
大股歩行（52ページ）
クローチングジャンプ（34ページ）
ダッシュ（24ページ）

まんべんなく体に刺激を与えるサーキットトレーニング

スキーはある程度、呼吸や心拍数が上がった状態での持続運動になります。それだけ運動の強度や負荷が高いのです。サーキットトレーニングは、呼吸や心拍数を上げた状態で、調整力や瞬発力、全身のパワーを強化することが目的です。

これまで紹介した種目やここで紹介する種目、皆さんがすでにやられているトレーニングを組み合わせて、4～6種目を1～3セットほど行います。

サーキットトレーニングは呼吸や心拍数が上がった状態でやることが大切ですので、種目ごとに休まずに、全部の種目を通してやるようにしましょう。

正しく素早く動く ラダートレーニング

このトレーニングが難しいのは、ハードルによる高さの変化です。ハードルをクリアする際に靴を上げようとすると引っかかることが多くなります。靴ではなくヒザを上げるようにしましょう。そのためには腹筋や股関節も使って全身で跳ぶことが重要です。

素早く進む方向を 切り替えるジグザグコーン

22ページで紹介したトレーニングの平地版です。脚力強化が主な狙いで、横幅やコーンとコーンの間隔を変えることで、負荷が変えられます。つま先をコーン方向に向けるようにして、素早く進む方向を入れ替えます。ハードル（50ページ）を加えてもOKです。

うまくできないときは

- セット数や種目数を減らす
- ダッシュ&ジョグなどで持久力をつけてから行う

ゲレンデで活きるポイント！

☑ 負荷の高い動きを続けられる

☑ 長時間よいパフォーマンスが発揮できる

コラム②

小さな会話に思い出が詰まっている

レッスン中、斜面の下から生徒さんの滑りを見る機会が多い。よって、私はよく空を見る。

ある年リフトに乗っていたら、オジロワシが飛んでいたので、生徒さんのＭさんに「オジロワシですよ!」って言ったら、「直子先生あれはオオワシです」と言われた。私が今までオジロワシだと思っていた鳥がそうでなかったことで、少しションボリした。

次のリフトで私はＭさんに提案した。

『私の大好きな映画でいちばん好きな台詞が、「正直に言うことが誠実だとは限らない。何を言うか選ぶセンスが大切なのよ」なんですよ。せやし「私たち夕張市のスキーヤーが、夕張にもオジロワシがきた！」と喜んでいるのに、「違います、あれはオオワシです」って言われたらションボリです。だからあれはオジロワシにしときましょ』って言ったら、Ｍさんは笑っていた。

翌年の同じ時期、再びＭさんがいらっしゃった時に、またしても大きな尾っぽの白い鳥が飛んでいた。私は前年のことを思い出し黙って空を見ていたら、Ｍさんが「直子先生！　オジロワシですよ!」と指を指しながら私を見てニッコリされた。

スキーをしながら多くの人と出会い、多くの会話を楽しむ。スキー自体よりも、そんな会話の方が強く記憶に刻まれたりもする。だからスキーは楽しいのかもしれない。

インラインではスキーと同様に、斜面を捕まえて力を伝えていく動きが必要になるため、技術向上に直結します。また内脚の使い方や両足の同調といった技術もレベルアップできます。

01 SKI OFF-SEASON TRAINING ▸▸▸ INLINE SKATE TRAINING

インライントレーニング01

地面を確実に捕まえて加速させる

回数の目安 ▸▸▸ 30〜50m×5〜10セット

POINT 身体の真下で地面を捕まえる

POINT 蹴る量に合わせて前傾角を変える

身体の真下方向に力を働かせる

インラインスケートは、スキーと違って前後のバランスが崩れると耐えられません。そのため、足裏の中心に体重を乗せ、常にインラインスケートが身体の真下にあるようにします。

このダッシュは、身体の真下で地面を捕まえる動きを覚えるのに最適です。スキーに置き換えると、しっかりとスキーをたわませられるポジションをキープすることになります。

インラインスケートでは、時々転倒することがあります。ケガを防ぐために、ヘルメットやヒジ・ヒザのプロテクター、グローブをつけましょう。

POINT 1 身体の真下で地面を捕まえる

スタート時はとくに「力強く蹴ろう」という意識が働き、蹴る方向が外側になりがちです。方向が外側になりすぎると力がたまらずに逃げてしまい、強い力で地面を蹴ることができなくなります。「力をためて真下方向に蹴る」「力を地面に加える」ようにしましょう。

POINT 2 蹴る量に合わせて前傾角を変える

短距離走と同じで、スタート直後は深めの前傾を取り、大きく力をためてから蹴り出します。スピードが出てきたら徐々に前傾角を緩めて推進力を増やします。うまく地面を蹴れないと身体が前に突っ込みすぎる傾向があるので、蹴る力に合わせて調節します。

うまくできないときは

- スケーティングをする
- 力をためて蹴る動きをゆっくり繰り返す

ゲレンデで活きるポイント！

- ☑ 雪面を確実に捉える
- ☑ 力を加えるための前傾角度
- ☑ スピードに合わせたポジション

02 SKI OFF-SEASON TRAINING ▶▶▶ INLINE SKATE TRAINING

インライントレーニング02

足首とヒザ、股関節が一直線になる基本姿勢を習得

回数の目安 ▶▶▶ 30m程度×5〜10セット

POINT ローラーと足首、ヒザ、股関節を一直線にする

POINT クローチング姿勢はターン姿勢の基本

地面を捉える姿勢を作る

平らなところで行う練習です。インラインスケートのクローチング姿勢は、スキーのクローチング姿勢にかなり似ています。大切なポイントはスケートのローラーとヒザ、足首、股関節を真っすぐ一直線にすることです。

またクローチング姿勢を取るときは、首のつけ根と尾てい骨を結んだ線が斜面と平行になるように、背中を真っすぐにします。極端に首が下がってお尻が上がったり、お尻が下がって頭が高くならないようにしましょう。そして足首、ヒザ、股関節を曲げてバランスを取ります。

ローラーと足首、ヒザ、股関節を一直線にする

この直滑降は、雪上にも通じる身体の使い方のトレーニングです。身体が上手く使えないと、ハの字になったり、X脚になったり、前後差が出たりします。スタンス幅は股関節の真下にヒザがくるくらいにし、親指側や小指側に体重が偏らないようにしましょう。

クローチング姿勢はターン姿勢の基本

左右差のない理想的なクローチング姿勢を取ることは、ターンの基本になります。腰からカウンター気味に動かしたり、切り換えでX脚が出るような動きをインラインで修正することで、適度な外向傾姿勢が取れたよい姿勢でターンができるようになります。

うまくできないときは

- 長い距離を真っすぐに進む
- 下半身や上半身のラインを確認する

ゲレンデで活きるポイント！

- ☑ 左右差の少ない基本姿勢
- ☑ 左右への荷重量が均等に近づく
- ☑ パワーロスの少ない荷重

インライントレーニング03

主要3関節をまっすぐにし 外傾を取って1ターン

回数の目安 ▸▸▸ 15m程度×10〜20本

POINT 重心移動から外傾を取ってターン

POINT ストックを持って腕の動きを連動させる

ターンの基本姿勢を身につける

このトレーニングも平らなところで行います。クローチング姿勢と同じように、足首、ヒザ、股関節のラインを真っすぐにし、外傾を取ってターンに入ります。この時に足首だけで角付けをしてしまうと、内足が使えません。両足に体重が乗った姿勢から重心をターン方向に少し移動させながら、両方の足を使ってターンをしていきます。

雪上でも重心の移動が伴わないと、内スキーを上手に使うことができません。スキーの性能を引き出すためにも、インラインで基本姿勢や重心移動のコツをつかみましょう。

1 重心移動から外傾を取ってターン

両足に体重を乗せた基本姿勢から、重心を少しだけターンしたい方向へ運びます。内股にならないように両足で角付けをし、ターンをしていきましょう。足首、ヒザ、股関節を同じくらいに曲げ、両足に荷重をしていきます。スピードが出てもこの動きは変わりません。

2 ストックを持って腕の動きを連動させる

ストックワークが苦手な人は多いでしょう。インラインでのストックワークはスキーと同じで、ストックもターン弧を描くように腕を動かしていきます。構えの目安は足のラインとストックが並行になること。これが崩れないようにしながら腕を動かします。

うまくできないときは

- 止まった状態でリハーサルする
- 両手を両足に乗せて同時に動かす

ゲレンデで活きるポイント!

- ☑ 両足が使える重心移動
- ☑ ターンの基本姿勢の習得
- ☑ 左右差の修正

04 SKI OFF-SEASON TRAINING ▶▶▶ INLINE SKATE TRAINING

インライントレーニング04

直滑降で姿勢を確認してからターンする

回数の目安 ▶▶▶ 30m程度×10〜20本

直滑降からスピードに乗って1ターン

このトレーニングも平らなところで行います。62ページの直滑降と64ページの1ターンを合わせたトレーニングです。

直滑降からクローチングを組んでスピードに乗った状態から、重心をターン内側へ移動させてターンをします。重心の位置が低い分、ターン内側への重心移動がしやすいかもしれません。

ポイントは理想的なクローチングの姿勢を取ることと、その姿勢を崩さずにターンに入ることです。両方のスケートにしっかりと体重を乗せている感覚を持ってから重心を移動させましょう。

POINT 1

クローチングで姿勢を確認してからターン

インラインスケートはスキーと異なりずれません。そのため、スキー以上に緻密な重心移動と足場に回転を与えることが必要になります。基本姿勢の確認は地味ですが、確実に地力をつけられる練習です。苦手なターンを中心に何度も繰り返しましょう。

POINT 2

真上から力を加え続ける

スキーは多少力を加える方向が狂ってもずれるため、何となく滑れてしまうところがあります。意図的にずれを使うこともありますが、意図しないずれが生じる場合には、このトレーニングと同様にクローチングからの１ターンをしてみましょう。

うまくできないときは

・クローチング姿勢を確認する
・腰の高さを変えずに行う

ゲレンデで活きるポイント！

- ターンのきっかけを作る重心移動
- よいポジションでの両足荷重
- ターン弧に合わせた身体の動かし方

05 SKI OFF-SEASON TRAINING ▸▸▸ INLINE SKATE TRAINING

インライントレーニング05

内傾角と外傾のバランスを取りながら足のクロスを覚える

回数の目安 ▸▸▸ 1〜3分×2〜3セット

POINT
半径の大きさで難易度が変わる

POINT
前足に荷重をしながらターンを続ける

インライン特有の足のクロス

スキーに通じる動きが多いインラインスケートですが、足をクロスさせる動きはスケートと同じ動きになります。

やり方は、ターン外側の足を内足の前に運んでクロスさせ、前に運んだ足に荷重します。そして後ろにある足を引き抜くようにし、外足の前に持ってきて荷重します。この動きを繰り返してターンを続けます。

重心を移動することでできる内傾角と外傾のバランスを取りながら、右回りと左回りをします。ストックを持ってバランスが取りづらい場合には、ノーストックでOKです。

半径の大きさで難易度が変わる

コーン間の距離が狭いほど、ターン弧が小さくなるため、難易度が上がります。難易度は技術レベルに応じて調整してください。またコーンの置き方ですが、写真の１番を基準にし、そこから何歩か歩いた位置にコーンを置いていきます(ここでは３歩)。

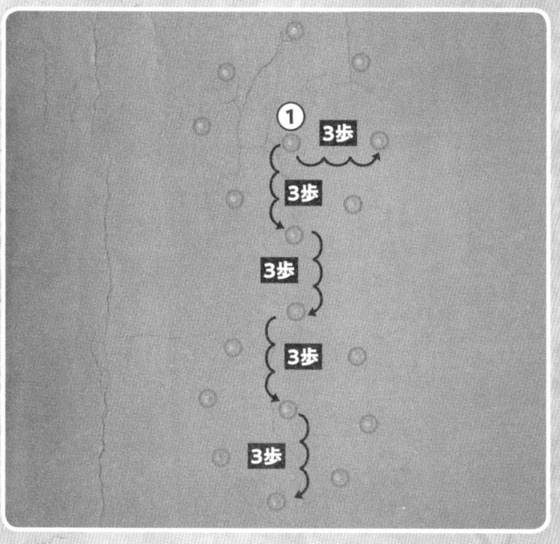

前足に荷重をしながらターンを続ける

足をクロスさせて、抜いて、を繰り返しながら8の字を描くようにターンを続けます。クロスというインライン独特の動きになりますが、クロスした足を身体の真下に運び、身体の真下にあるスケートに荷重をしていく動きは、これまでのトレーニングと同じです。

うまくできないときは

- コーンの間隔を大きくする
- クロスの動きをゆっくりと行う

ゲレンデで活きるポイント！

☑ 内傾角と外傾のバランスを取る

☑ バランスを取ったなかで荷重する

06 SKI OFF-SEASON TRAINING ▸▸▸ INLINE SKATE TRAINING

インライントレーニング06

前後左右への動きを自在に操る

回数の目安 ▸▸▸ 1〜2分程度

POINT
範囲や時間を決める
POINT
ルールを決める

鬼にタッチされないように逃げ回る

インラインスケートでの鬼ごっこです。鬼から逃げ回ることで、自分の足感覚で自在に動けるようになります。日常生活で歩いたり、走ったりするように、インラインスケートを意のままに操りましょう。トレーニングというよりも遊び感覚で覚えていきます。

よくやるルールは「増え鬼」で、タッチされた人も鬼になるため、時間が経つにつれて鬼の人数が増えていきます。時間や逃げ回れる範囲を決めてやってみましょう。

本気になるほど過熱していきますが、ケガには十分に気をつけてください。

POINT 1

範囲や時間を決める

コーンなどで逃げ回れる範囲を決めます。人数やインラインの技術レベルに応じて、範囲を設定します。全力で逃げ回るため、時間は1分くらいでも十分です。タイムキーパーを決め、加熱してきたら笛を吹くなどレフェリー的な役割も持たせるとよいでしょう。

POINT 2

ルールを決める

増え鬼の場合、鬼はスタートしてから10数えたのち、動けるようになります。「タッチされたらエリアの外に出る」「3人鬼になったら終了(チーム戦で何秒逃げられるか)」など、いろいろなルールを考えながら、そして楽しみながらやってみてください。

うまくできないときは

・ルールを変える
・範囲を変える

ゲレンデで活きるポイント!

☑ 足感覚でスキーを操作できる
☑ 身体の使い方が上手くなる

07 SKI OFF-SEASON TRAINING ▶▶▶ INLINE SKATE TRAINING

インライントレーニング07

内傾軸を取ったなかでの両足の使い方

回数の目安 ▶▶▶ 左右30秒〜1分程度ずつ

内足の使い方をレベルアップ

コーンを円形に並べてグルグルと回ります。スキーと同様にインラインも外足を主導にしますが、その際の内足の使い方を覚えます。内傾角を取ったなかで、適切な身体の軸と両足の内傾(同調)も身につきます。

コーンに沿って回るためにはもちろん外傾が必要になりますが、同時に目線を先行させ、身体全体を使って回ります。外傾を作ったり意識したりするためにストックを横に持ちましょう。

コーンの置き方で難易度が変わるため、レベルに合わせて設置してください。時間で区切って左右とも行います。

POINT 1 外傾を取りながら視線を先行させる

ターン外側の肩を下げて外傾を取り、目線を先行させます。この姿勢と動きを続けながら地面を蹴ることでターンが続きます。内足がプルークのように身体の内側に入らないように注意します。それでもできない場合は直滑降やスケーティングを練習しましょう。

POINT 2 安定した内足の内傾につながる

このトレーニングは、左右の足の傾きが変わったり、内足に重さが加えられない、といった症状の改善にも効果があります。内足がずれたり、角付けが安定しないなどの悩みがある場合には、インラインでターンをすることで、内足の使い方を覚えられます。

うまくできないときは

- 直滑降で主要3関節を一直線にする
- スケーティングで体重を乗せる感覚をつかむ

ゲレンデで活きるポイント！

- ☑ 内足の使い方
- ☑ バランスの取れた内傾角の作り方

08 SKI OFF-SEASON TRAINING ▸▸▸ INLINE SKATE TRAINING

インライントレーニング08

俊敏に動いてから身体を前に運ぶ

回数の目安 ▸▸▸ 10〜20本や10分など、本数や時間で区切る

コーンを使ったミドルターンの練習

平らでインラインに慣れたら、斜面を使った練習も取り入れましょう。

このトレーニングは左右に置いたコーンの外側を、ミドルターンで回る練習です。足だけでターン方向を決めてしまうと、外足側が追いつかずに回転率が下がってしまいます。上半身と下半身のジョイント部分である骨盤を回旋させ、股関節を使ったターンを覚えましょう。とくに内足側の股関節を使うことで、「内足がここから短くなる」「ここから加圧される」という感覚が得られます。

深く回し込むセッティングをする

斜度によって変わりますが、コーン縦幅の目安はおおよそ 6 歩から10歩にします。曲がりやすいセッティングではなく、やりにくくギリギリターンができるくらいのセッティングにすることで、足だけでなく骨盤の回旋も使って回し込むことを覚えられます。

内足の股関節を使って回る

内側の股関節を使うことで、深いターンでも外スキーがしっかりと回ってきます。また股関節が使えると、地面から押されて内足が短くなるタイミングや感覚、内足の加圧感覚などがつかめます。滑らかなターンのライン取りや先行動作も合わせて覚えられます。

うまくできないときは

・緩やかなセッティングから徐々に深くする
・不得意なターンを繰り返し練習する

ゲレンデで活きるポイント！

- ☑ 内足の加圧感覚
- ☑ 内足が押されて短くなる感覚
- ☑ 骨盤の回旋を使ったターン

09 SKI OFF-SEASON TRAINING ▸▸▸ INLINE SKATE TRAINING

インライントレーニング09

全身を連動させてターンする

回数の目安 ▸▸▸ 10〜20本や10分など、本数や時間で区切る

両足の足首をつかんで連続ターン

両足の足首をつかむことで、足首、ヒザ、股関節の主要3関節をブロックした状態になるため、全身を使ってターンをするようになります。主要3関節のうち一部の関節だけが大きく動くのではなく、すべてを連動させた動きができるようになります。

この姿勢を取ることで足と身体の距離が近くなるため、足や骨盤がどのように動いているのかを確認できます。外足が外側に逃げたり、外れたりする動きの矯正としても効果が高いトレーニングです。

POINT 1 体重を下に抑え込んだポジション

足首をつかむことで低いポジションになり、体重がストレートに足元に落とせます。全体重をどっしりとインライン上に落とした安定感や、安定感を持ったまま全身でターンをしていく感覚がつかめます。雪上でもこのようなどっしりとした感覚を持ちましょう。

POINT 2 主要3関節を連動して動かす

足裏全体に体重が乗った安定した姿勢が取れると、骨盤を回旋させることで足全体が動く(回旋される)感覚がつかめます。1つの関節だけを動かすとその関節部分で重さの伝達のロスが生まれ、足元に十分に重さを乗せられません。この違いを感じましょう。

うまくできないときは

- 止まった状態でリハーサルする
- インラインがバタつかない位置に乗る

ゲレンデで活きるポイント!

- ☑ 下半身全体が連動する感覚
- ☑ 骨盤の回旋で下半身が回旋する感覚

10 SKI OFF-SEASON TRAINING ▸▸▸ INLINE SKATE TRAINING

インライントレーニング10

外手で内ももを押して身体をたまわせる

回数の目安 ▸▸▸ 10〜20本や10分など、本数や時間で区切る

POINT 外傾と取ることでたわみが生まれやすい

POINT 内足のつけ根から雪面を捉える

内腰のブロックは足元からはじまる

内スキーのアウトエッジで雪面を捉えて押さえる動きは、腰を内側に入れるのではなく、ハムストリングスの外側が雪面方向に押されることで行われます。外側の手で内ももを押すことで、よい動きの感覚がつかめます。

また適度な外傾を取ることで身体全体のたわみが生まれやすくなります。身体をたわませるとスキーに対して長い時間強い力が伝えられるため、長い時間スキーをたわませられるようになります。内足の使い方が鮮明になるため、雪上でも行ってもらいたいトレーニングです。

外傾と取ることでたわみが生まれやすい

角付けを強めようとして身体を折ってしまうケースがありますが、身体を折ると短い一瞬のエッジングしかできません。スキーは長い時間たわませることでターンの質や滑走性が上がります。そのためには身体をたわませることが必要で、ポイントになるのが外傾です。

内足のつけ根から雪面を捉える

内側のスキー全体をきれいにたわませることで、両スキーがしっかりとたわみます。そのためには、内足のつけ根から足元方向を抑えながら雪面方向に落としていきます。ハムストリングスの外側を雪面に近づける感じです。内足が使えない人にはとても有効です。

うまくできないときは

- 1ターンずつ行う
- 斜度や距離を変える

ゲレンデで活きるポイント！

- ☑ スキー全体をたわませる
- ☑ 内足でも雪面を捉える
- ☑ 内足の上手な使い方ができる

11 SKI OFF-SEASON TRAINING ▸▸▸ INLINE SKATE TRAINING

インライントレーニング11

骨盤のひねりが足元のグリップを強める

回数の目安 ▸▸▸ 10〜20本や10分など、本数や時間で区切る

POINT 骨盤をひねってターンを始動

POINT 素早くひねり返してショートターン

ストックを横に持って骨盤のひねりを引き出す

骨盤をひねることによって足元に角付けができ、ターンができます。またスピードが上がれば上がるほど、骨盤の方向がトップの方向を強く決める要素になります。ところが骨盤をしっかりと使っているスキーヤーは意外と少ないように感じます。

このトレーニングではストックを持って上半身の動きをブロックすることで、骨盤の下半身とのひねり(ねじれ)が生まれやすくなります。このねじれを活かすことで、足元を強くグリップできるようになります。雪上でも活きる練習です。

骨盤をひねってターンを始動

骨盤のひねりのイメージの例えです。竹は押されてもしなって耐えますが、ひねると耐えられずに割れてしまいます。ひねりはそのくらい強い力を生み出します。ターンの終わりにしゃがむだけでなく骨盤のひねりを使うことで、足元を強くグリップできます。

素早くひねり返してショートターン

足元の強いグリップ感を持ったままひねり返すことで、次のターンが始動します。上半身を真下に向けたまま、骨盤を左右にひねる動きを素早くすることで、ショートリズムのターンになります。ひねる量や時間を変えて、大中小といろいろなターン弧で滑ってみましょう。

うまくできないときは

・止まった状態で動きをリハーサル
・腕を骨盤のひねりと逆方向に動かす

ゲレンデで活きるポイント！

☑ 足元の強いグリップ
☑ 逆ひねりによるターンの始動

12 SKI OFF-SEASON TRAINING ▸▸▸ INLINE SKATE TRAINING

インライントレーニング12

上下への圧の変化を使いながら滑る

回数の目安 ▸▸▸ 10〜20本や10分など、本数や時間で区切る

POINT 圧を加えながら上下に動く

POINT 圧変化への対応力をつける

姿勢を変化させてハードルをくぐる

コーンやポールの代わりにハードルを置き、ハードルをくぐります。このトレーニングのポイントはしっかりと上下に動き、圧のメリハリを使って滑ることです。地面に対して重さや圧を伝えるように下半身を上下させます。ただ伸びたりしゃがんだりすると力が上手く地面に伝わらず、バランスを崩しやすくなりますので注意してください。

立ち上がりを使った切り換えで抜重しすぎて上方向に力が抜けてしまったり、沈み込みながら荷重をする際に力が伝えられないなどの症状の改善にも有効です。

POINT 1

圧を加えながら上下に動く

ハードルをくぐる前は、高い姿勢で身体の真下に重さ(圧)を伝えながらターンをします。そして圧が抜けないように主要3関節を使いながら姿勢を低くして、ハードルをくぐります。ハードルをくぐり抜けたら圧を加えながら回し込んでいきます。

POINT 2

圧変化への対応力をつける

斜面からの圧変化が大きいのがコブです。上下に動きながら圧を加え続ける動きが身につくと、コブでの圧変化にも対応しやすくなります。自分から圧を変化させすぎるとバランスを崩したり、ミスが起こりやすくなります。姿勢が変わっても圧を加え続けましょう。

うまくできないときは

- 直滑降で練習する
- ハードルの高さを高くする

ゲレンデで活きるポイント！

- ☑ 圧を加え続けられる
- ☑ 圧にメリハリがつけられる

13 SKI OFF-SEASON TRAINING ▸▸▸ INLINE SKATE TRAINING

インライントレーニング07

これまでの動きをミックスして規制されたコースを滑る

回数の目安 ▸▸▸ 10〜20本や10分など、本数や時間で区切る

POINT 1つずつのターンを完成させる

POINT ストックでターンを誘導する

内足と外足の回転半径の違いを考えながら滑る

可倒式のポールを使ったトレーニングです。上下に動いてプレッシャーにメリハリをつけたり、股関節や骨盤を使った両足の回転運動など、雪上では慣れで行っている動きをゆっくりと分析しながらできます。

両方のスケートがしっかりとターンの円を描くことが大切で、内輪と外輪の回転半径の違いを考えながらターンします。ヒザを使いすぎたり、ヒザが寝すぎてしまうと回転しにくくなるため、これまでのトレーニングをヒントにして、どのように動かすのかを考えながら滑りましょう。

POINT 1 1つずつのターンを完成させる

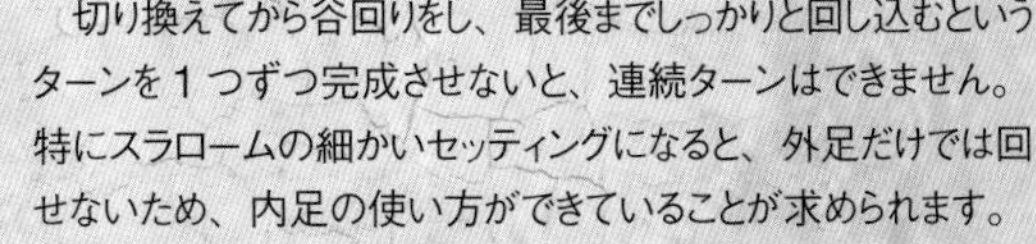

切り換えてから谷回りをし、最後までしっかりと回し込むというターンを１つずつ完成させないと、連続ターンはできません。特にスラロームの細かいセッティングになると、外足だけでは回せないため、内足の使い方ができていることが求められます。

POINT 2 ストックでターンを誘導する

腕やストックの使い方も重要です。両スケートのターン弧とストックのリングが通る回転弧を合わせないと、身体を起こしてしまうことが多くなり、安定して連続ターンができません。またあまり腕だけを動かしてしまうと、足元がついてこないため配分が大事です。

うまくできないときは

- 1ターンずつ練習する
- 内足の使い方を洗練させる

ゲレンデで活きるポイント！

- 全身を連動させた動きの強化
- より細かい部分への注意が払える

コラム③

これからの私たち

夫婦で立ち上げた小さな小さなスキースクール「TOTAL SKI ORGANIZE（通称TSO）」。夫はジュニアレーシング部門で、私は完全予約制のプライベートスキークリニック。初年度の10月、受付を開始をする際に私は不安になり、夫に「予約がなかったらどうしよ」と呟いたら、夫に「いいじゃん、ダメならシーズンオフにゴルフ場で働こうぜ」と言われて、力が抜けたことを思い出す。

あれから16年。めくるめく変化する社会情勢に少しは惑いながらも、なんとかやってきた。夫の率いるジュニアたちは、様々な輝きを見せてくれ、その都度、私も心を熱くさせてもらった。その子たちが大きくなり、帰省の際にトレーニングがてらやって来て、小さな後輩たちの面倒を見てくれる姿が、また心を熱くさせる。

これからこの小さな小さなスクールはどうなるのだろう。私たち夫婦に確実なビジョンはない。後継者は居ない。久慈の精神を受け継いでいる選手は多いが、TSOの経営を継いでくれる者は恐らくいない。

あと何年、動きを止めずにいられるかはわからない。私たちはこれからもしばらくは、淡々とそれぞれの流儀を貫くのみだ。TSOの火が消えるまで、多くの熱いスキーヤーが雪の上で時に笑い時に泣き、社会の荒波に揉まれても、「あの時TSOでスキーに打ち込んでよかった」と思ってくれるように、私たちは歩き続ける。

PART 4

正確で素早いスキーに必要になる股関節と体幹。ここからは股関節の柔軟性を増やすメニューと体幹を鍛えるトレーニングを紹介します。

柔軟&体幹トレーニング

▸▸▸ STRETCH & CORE TRAINING

01 SKI OFF-SEASON TRAINING ▸▸▸ STRETCH & CORE TRAINING

柔軟&体幹トレーニング01

股関節の柔軟性を高めて身体の連動性アップ

回数の目安 ▸▸▸ 10〜20回×2〜3セット

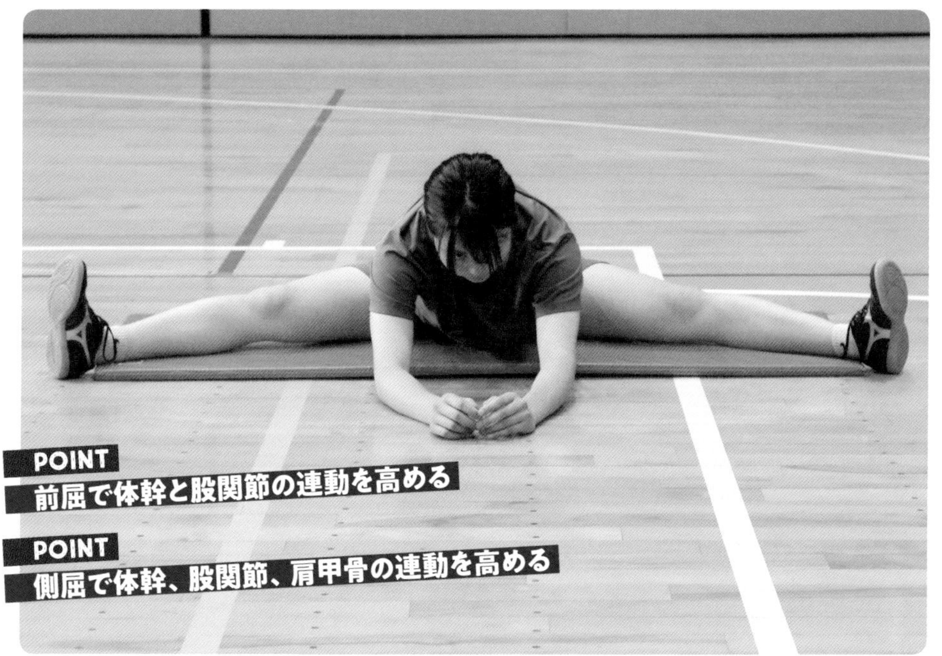

POINT 前屈で体幹と股関節の連動を高める

POINT 側屈で体幹、股関節、肩甲骨の連動を高める

開脚して上半身を前や左右に倒す

開脚をして前屈や側屈をすることで、①骨盤周辺の調整、②骨盤周辺の血行促進、③骨盤の歪みの改善、などの効果してくれます。

また、前屈は主に大腿二頭筋や内転筋群、側屈は大腿二頭筋や半膜様筋、外腹斜筋、広背筋のストレッチになります。さらに前屈は体幹と股関節の連動性を高め、側屈は体幹と股関節、肩甲骨の連動を高められます。

スキーの上達には、股関節を柔軟に扱えることや思い通りに動かすが重要です。そのために股関節の柔軟性や体幹、肩甲骨との連動性を高めていきましょう。

POINT 1 前屈で体幹と股関節の連動を高める

いきなり180度の開脚ではなく、まずはできる範囲で開きます。体幹と骨盤（股関節）から動かす意識を持ち、上半身を前に曲げていきます。前後に10〜15回ほど、呼吸を止めずにゆっくりと行います。慣れてきたら、少しずつ足を開く量や前に曲げる量を増やします。

POINT 2 側屈で体幹、股関節、肩甲骨の連動を高める

体幹と股関節、肩甲骨の3つの部位から大きく動く意識を持ちます。3つの部位を意識することが難しければ、股関節から意識をしましょう。呼吸を続けながら、上半身を左右のどちらかに曲げていきます。左右それぞれ10〜15回ほど行います。

うまくできないときは

- ペアになり背中を押してもらう
- ゆっくりと曲げられる範囲で行う

ゲレンデで活きるポイント！

- ☑ 股関節を柔軟に使った重心移動
- ☑ 全身が連動した滑り

02 SKI OFF-SEASON TRAINING ▸▸▸ STRETCH & CORE TRAINING

柔軟&体幹トレーニング02

ハムストリングスの柔軟性を保って股関節を動きやすくする

回数の目安 ▸▸▸ 10〜20回×2〜3セット

いろいろな姿勢で股関節とハムストリングスを伸ばす

長座で座った状態から上半身を前に倒したり、台などの上に立った状態から上半身を前に曲げていくストレッチが前屈です。前屈の目的は、股関節やハムストリングスを伸ばすことです。ハムストリングスが硬いと股関節が曲がりにくくなるため、前屈がしにくくなります。また骨盤が下に引っ張られるため身体が後傾し、猫背になってしまいます。

股関節や骨盤回りはスキーで最も重要な動きをする関節の１つですから、日ごろからストレッチをし、柔軟性を保つようにしましょう。

POINT 1

骨盤を前傾させていく

前屈をするときに、ヒザを曲げないことにばかり意識がいく人がいます。もちろんヒザは伸びていたほうがよいのですが、それ以上に骨盤を前傾させることが重要です。また背中が丸まってしまうとストレッチの効果が少なくなるので注意しましょう。

POINT 2

呼吸を止めずにゆっくり行う

ストレッチでは呼吸を止めないことも重要です。ペアになってヒザの辺りを押さえてもらうと、呼吸をしながらゆっくりと前屈ができます。骨盤を前傾させて股関節から曲げていく意識やイメージを持ちながら行います。少しずつ曲げられる量を増やしましょう。

うまくできないときは

- ペアになってヒザを押さえてもらう
- 骨盤を前傾させるイメージを持つ

ゲレンデで活きるポイント！

☑ 股関節周りの柔軟な動き

☑ スムーズな重心移動

03 SKI OFF-SEASON TRAINING ▶▶▶ STRETCH & CORE TRAINING

柔軟&体幹トレーニング03

筋力アップだけでなく脳を活性化させる逆立ち

回数の目安 ▶▶▶ 数秒〜×3〜5回

POINT
上から釣られるように身体を伸ばす

POINT
呼吸を止めずにゆっくり行う

身体の向きなどを把握する能力も鍛えられる

逆立ちには上半身の筋力アップはもちろんのこと、それ以外に股関節の屈筋や腰、内モモ、などが強化できるうえ、バランスがとれた体幹を作れます。

それだけでなく、脳への血流がよくなることで活性化したり、自分の身体の向きなどの状況を把握する空間認知能力が上がるという効果もあります。そのため体操教室などでは、幼児からどんどん逆立ちをさせたり、転がったりさせています。

スキーでは、身体が回わる転倒をすることがあります。その時に大きなケガを防ぐ役割も得られると思います。

POINT 1 上から釣られるように身体を伸ばす

慣れないうちはペアがおすすめです。足首辺りを持ってもらい、逆立ちしましょう。逆さになってバランスが取れたら、体幹が上から釣られたり、引っ張られたりするイメージを持ち、身体をまっすぐにします。できるだけ身体を反らせないようにしましょう。

POINT 2 短い時間でもOK

逆立ちをする時間ですが、長くできれば下半身のうっ血を取ったり、重力で垂れ下がった内臓を正常な位置に戻したりする効果もあるそうです。けれどもまずは数秒でOKです。壁を使ったり、ペアでもOKです。少しずつ逆立ちができる時間を増やしましょう。

うまくできないときは

・壁を使ったりペアで行う
・まずは短時間でOK

ゲレンデで活きるポイント！

- 空中でも自分の位置や向きが把握できる
- 全身をバランスよく動かせる

04 SKI OFF-SEASON TRAINING ▸▸▸ STRETCH & CORE TRAINING

柔軟&体幹トレーニング04

大腿四頭筋のストレッチをしながらバランス強化

回数の目安 ▸▸▸ 左右それぞれ10〜20秒×2〜3セット

つま先の向きを変えると効果が出る部位が変わる

立って行う大腿四頭筋のストレッチです。とてもメジャーなストレッチですが、曲げたほうと反対側の腕を伸ばすことで、バランス能力も鍛えられます。

ポイントは曲げたヒザの位置を身体よりも後ろ側にすることと、背中を丸めないこと、呼吸を止めないことです。またつま先を身体と同じほうに向けるだけでなく、内側や外側に向けることで、効果が出る部位が変わります。

1回につき10〜20秒行い、曲げる足と伸ばす手を入れ替えます。腕を伸ばすことが難しければ、まずはヒザを曲げるだけにしましょう。

POINT 1

呼吸を止めず、背中を丸めない

大腿四頭筋をストレッチしながら、バランス能力を高めます。上に上げる手は指先までピンと伸ばし、背筋が伸びた状態で呼吸を続けます。モモの前側（つま先を内側に向けたら内側、外側に向けたら外側）が伸びていることを感じながら行いましょう。

POINT 2

つま先の向きを変える

大腿四頭筋はヒザを伸ばす動きをサポートします。また制動（ブレーキ）要素が強いときに負担がかかる部位になります。日常生活でもよく使うため、しっかりと柔軟性を保てるようにケアをしましょう。鍛えるほど基礎代謝を上げることもできます。

うまくできないときは

・壁に手をついて行う
・ペアで行う

ゲレンデで活きるポイント！

- 股関節周りや下半身を柔軟に使える
- よいポジションを保てる

05 SKI OFF-SEASON TRAINING ▸▸▸ STRETCH & CORE TRAINING

柔軟&体幹トレーニング05

柔軟性を養い腹筋が伸ばせるブリッジ

回数の目安 ▸▸▸ 10〜20秒×2〜3セット

POINT バランスボールを使ってブリッジ

POINT 壁を使ってブリッジ

腰や内臓に不安があればやらない

柔軟性を養ったり、腹筋を伸ばしたりできるのがブリッジです。できるだけやってもらいたいトレーニングですが、身体にかかるストレスが大きいため、あまり年齢を重ねてからやることはお勧めしません。

ただしバランスボールや跳び箱、壁を使って浅いブリッジをすることができます。背面側の普段は使わない筋肉を動かしたり、全身のストレッチ効果もあるため、あくまでも無理をしないという前提で、チャレンジをしてもいいでしょう。

ある程度できる人はぜひとも習慣化していってください。

POINT 1

バランスボールを使ってブリッジ

バランスボールの上に寝転がるようにして、ブリッジの体制を作ります。バランスボールの大きさで身体にかかるストレスの大きさが変わるので、自信がなければ大きなボールからはじめてください。またボールが転がらないように、十分に注意してください。

POINT 2

壁を使ってブリッジ

壁に背を向けて立ち、ゆっくりと手を壁側に向けていきます。手のひらが壁についたら、ゆっくりと床側に手を下げていきます。手の位置が低くなるほど身体へのストレスが大きくなります。背中や腰、内臓に不安があれば、このストレッチはやらないでください。

うまくできないときは

・十分に安全に注意し、無理はしない
・できる人は習慣化する

ゲレンデで活きるポイント！

☑ 身体の歪みや姿勢が改善されたポジションで滑れる
☑ 全身をしなやかに動かせる

06 SKI OFF-SEASON TRAINING ▸▸▸ STRETCH & CORE TRAINING

柔軟&体幹トレーニング06

バランスを取りながら行う全身の筋肉トレーニング

回数の目安 ▸▸▸ 400m×1～2周

縁石から落ちないように歩く

縁石や側溝の淵などを、できるだけ落ちないように歩きます。バランストレーニングの要素もありますが、どちらかというと筋力トレーニングのメニューになります。

お尻回りや下半身を中心にしっかりと、そしてうまく筋肉を使わなければバランスが保てません。またよい姿勢がキープできないと、縁石から落ちてしまいます。

ハムストリングスを緊張させながら、1歩ずつバランスを取って歩きましょう。慣れない頃は400mを1周するだけでも筋肉痛になるので、負荷を調整しながら行ってください。

POINT 1

ハムストリングスを緊張させてバランスを取る

両手を広げてバランスを取りながら縁石を歩きます。腕だけでバランスを取ろうとしても難しく、足元、そしてハムストリングスを緊張させることが大切です。見た目はとても地味ですが、全身にとても効果が高いため、おすすめのトレーニングです。

POINT 2

ゆっくりとバランスを取りながら歩く

よい姿勢を保ちながら歩くためには、腹筋や背筋を使う配分を自分で整えていく必要があります。身近に縁石などがなければ、直線の上を歩くだけでも、少しは効果があります。姿勢やバランスを保ちながら進むことはスキーに直接つながる要素です。

うまくできないときは

- 地面に線を引いてその上を歩く
- 横並びのペアになり、手や肩を借りて歩く

ゲレンデで活きるポイント！

- ☑ よい基本姿勢の維持
- ☑ リカバリー力の向上

07 SKI OFF-SEASON TRAINING ››› STRETCH & CORE TRAINING

柔軟&体幹トレーニング07

連続ジャンプで体幹と全身の強化

回数の目安 ››› 回数や時間を決めて行う

跳び箱を休まずに跳び続ける

跳び箱は「勢いよく走って跳ぶ」という単純な運動ではなく、「走る動きから手を着き、腕の力で身体を前に運び、足を開いて前に出す」という複合的な身体の使い方をします。

子どもたちは楽しみながらできますが、久しぶりに体験する大人の場合は、自分の動きを自分で感じながら行いましょう。

また１回跳んだら休むのではなく、跳んだらすぐに列に戻り、休息を入れずに再び跳ぶ、ということを繰り返します。グループを分けて「１分間に何回跳べるか」などゲームの要素を入れてもよいでしょう。

POINT 1

身体の使い方を変化させる

子どもの頃は何気なくやっていた跳び箱でも、久しぶりだと難しく感じる人もいるでしょう。跳び箱の高さを調節したり、身体の使い方を確認しながら、まずは跳び箱を跳ぶ感覚を思い出しましょう。アキレス腱など足首周りの入念なストレッチをしてから行います。

POINT 2

連続して行う

跳び箱の跳び方を思い出したら、何人かでグループを作り、休まずに飛び続けましょう。適度に心拍数を上げながら行うことで、筋力だけでなく持久力の効果にもつながります。長い距離を滑っても、全身を意図したとおりに使えるようになります。

うまくできないときは

・走る、手を着く、腕で身体を運ぶという動きを確認する

・跳び箱を低すぎず高すぎない高さにする

ゲレンデで活きるポイント！

☑ 俊敏な身体やスキーの動きにつながる

☑ 動かしている部位を意識しやすくなる

08 SKI OFF-SEASON TRAINING ▸▸▸ STRETCH & CORE TRAINING

柔軟&体幹トレーニング08

股関節周りの細かい筋群をほぐす

回数の目安 ▸▸▸ 左右15〜30秒程度×３〜５回程度

つま先を上に向けてゆっくりと前屈

身体の中でもっとも大きな関節で、たくさんの筋が連動して動くのが股関節です。これまで紹介をしてきたように、スキーでも重要な役割を果たします。

この股関節は立つ、歩く、跳ぶ、蹴るなど、日常生活でもいろいろな動きを支えるため、遠心力や重力の影響を受け、疲労もたまっていきます。

このトレーニングでは股関節の可動域を広げると同時に、股関節周りの筋肉をほぐせます。前屈する量で負荷を変えられるので、「効いている」と感じる量で、呼吸を止めずに行いましょう。

つま先を上に向けて骨盤から前傾

これまでの股関節周りを動かすトレーニングと同様に、骨盤から前屈させていきます。足のつけ根に手を当てると、骨盤からの動きを引き出しやすくなります。またつま先を上に向けることで下半身の筋群がねじれ、細かい筋肉までストレッチすることができます。

呼吸を止めずにゆっくり前屈する

呼吸を止めずにゆっくりと前傾させることで、自分に合った適度な負荷に調節しながらストレッチができます。反動をつけたり、勢いよく前屈してしまうと、細かい筋肉をゆっくり伸ばせず、筋肉を痛めてしまうこともあるので注意してください。

うまくできないときは

・前屈の量で調整する
・ペアになり前屈のフォローをしてもらう

ゲレンデで活きるポイント！

- より深い内傾角が取れる
- 深い内傾角の中で強い加圧ができる

09 SKI OFF-SEASON TRAINING ▸▸▸ STRETCH & CORE TRAINING

柔軟&体幹トレーニング09

お尻の筋肉をほぐし股関節の柔軟性アップ

回数の目安 ▸▸▸ 左右10〜20回ずつ×2〜3セット

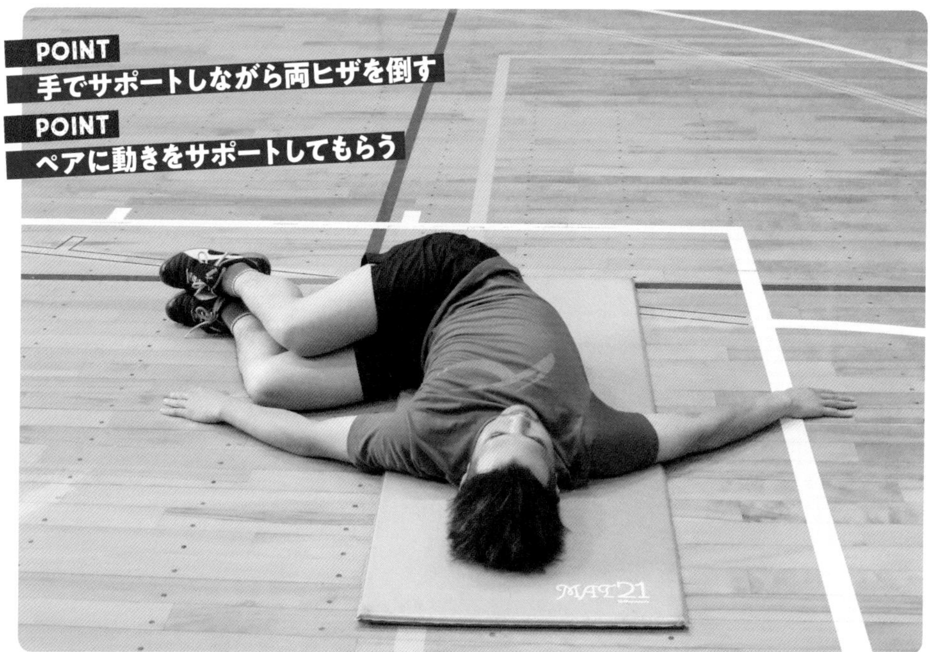

背中を床に着けたまま両ヒザを倒す

お尻（臀部）にある筋肉は、どれもが股関節の動きに強く影響を与えます。お尻のストレッチをすると必然的に股関節を動かすため、股関節全体を柔らかくする効果も得られます。 臀部は日常生活やトレーニングで頻繁に使う部位のため、しっかりとほぐすことで、筋肉の疲労が軽減できます。

仰向けになってヒザを抱え、背中全体を床から浮かさないように両ヒザを左右に倒します。呼吸を止めずに背中全体を床につけることで、十分な効果が得られます。左右とも行いましょう。

手でサポートしながら両ヒザを倒す

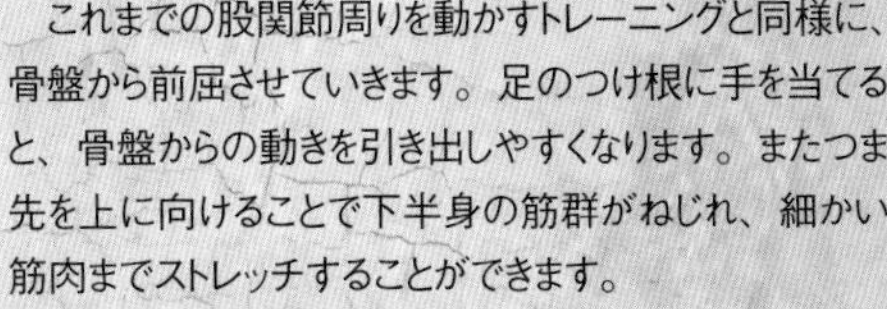

これまでの股関節周りを動かすトレーニングと同様に、骨盤から前屈させていきます。足のつけ根に手を当てると、骨盤からの動きを引き出しやすくなります。またつま先を上に向けることで下半身の筋群がねじれ、細かい筋肉までストレッチすることができます。

ペアに動きをサポートしてもらう

柔軟性の低い固い筋肉は、急に負荷がかかった時に耐え切れず、肉離れなどを引き起こすなど、ケガへのリスクが高まります。パートナーに腰とヒザを押してもらうことでより強いひねりが生まれ、ストレッチの効果が高まりますので、できるだけペアで行いましょう。

うまくできないときは

・ペアで行う
・両手を広げて背中を床につけやすくする

ゲレンデで活きるポイント!

☑ 股関節周りの柔軟な動かし方
☑ 翌日に疲労を残さない

10 SKI OFF-SEASON TRAINING ▸▸▸ STRETCH & CORE TRAINING

柔軟&体幹トレーニング10

高い負荷で股関節周りの柔軟性を引き出す

回数の目安 ▸▸▸ 1回10〜15秒×2〜3セット

POINT
無理にやらない

POINT
足は90度を目安に開く

高負荷の股割ストレッチ

とても負荷が強いストレッチです。いきなりこのストレッチを行うのではなく、102ページの動きを繰り返し、ある程度股関節に柔軟性が出てきたらトライしてみましょう。

イスや台などを大股1歩分程度（それぞれに合わせて調節します）開き、ゆっくりと両手を床に近づけます。このときに「イタ気持ちいい」くらいのところで止め、呼吸を続けましょう。

安全を考慮すると、「伸ばした手が床に着くか着かないかくらいの高さ」を目安にして、この高さのイスや台で行うとよいでしょう。

無理にやらない

負荷が高いストレッチのため、股関節に柔軟性がないと痛みを生む原因となります。その目安として、「イタ気持ちいい」と感じるくらいであること。102ページの台上に足を乗せたストレッチがイタ気持ちよければ、このストレッチは行わないほうがよいでしょう。

足は90度を目安に開く

左右の足を45度ずつ（計90度）開くことができれば、股関節に十分な柔軟性がる目安になります。競技や技術でトップを目指すスキーヤーは別ですが、ある程度のレベルを目指すのであれば、必ずしも180度開脚のような足の開き方できなくても大丈夫です。

うまくできないときは

・無理にやらなくてOK
・もっと負荷の小さなストレッチを行う

ゲレンデで活きるポイント！

☑ 内傾角や加圧の質の向上
☑ 全身を連動させた力強い動き

11 SKI OFF-SEASON TRAINING ▸▸▸ STRETCH & CORE TRAINING

柔軟&体幹トレーニング11

トレーニングした時間と同じ時間のクールダウンをする

回数の目安 ▸▸▸ できるだけ運動時間と同時間

すぐに行い疲労をためない

クールダウン（主にストレッチ）の理想は、運動した時間と同じ時間やることです。例えば2時間の運動をした場合には、2時間のクールダウンを行います。

2日間のスキーで、初日よりも2日目のほうが「動きが鈍い」と感じたことはないでしょうか？　これは前日の疲労がたまっていることが原因です。ちょっとやったからといって、すぐに疲労が回復するわけではありません。

特に筋肉が太くなってきた高校生以降は、きちんとクールダウンをしておかないと、疲れがたまってしまいます。

身体が冷える前に行う

クールダウンは身体が冷え切る前に行うことが理想的です。できるだけ運動を終えた直後に行いたいものです。気温が低いところで行うのも避けたいため、自宅に戻ってすぐやスキーを終えて宿に戻ったらすぐに行うといった習慣をつけましょう。

クールダウンを習慣化する

十分なクールダウンをしないと筋肉が硬くなり、関節の可動域が狭くなります。トレーニングは筋量を増やし、関節の可動域を増やし、身体をより効率よく、そして強いパワーを発揮することが目的です。その目的をトレーニング後に妨げないようにしましょう。

うまくできないときは

・必ずやる！
・習慣化する！

ゲレンデで活きるポイント！

☑ 安定したパフォーマンスを発揮できる
☑ 翌日に疲労をできるだけ残さない

おわりに EPILOGUE

今まで多くの子ども達を見てきた。小学低学年から高校生まで。時には大学生まで。

私は叫び続ける。励ましたり、ドヤしたり。それは私にとって「作品作り」なのでこっちも本気である。

その作品は表面的に美しいだけでなく、心が活き活きしているから出来上がる作品だ。そんな作品達がスキーの名門高校や大学に進み、時々私たち夫婦の元に里帰りしてくれるが、とある選手がいつも面白おかしく話すことがある。

「直子先生のトレーニングをしてきたから、高校でも大学でもそんなにトレーニングが辛いと思わなかった」という話である。そして直子先生の名言がいつもそばにあったらしい。それは「私は走りすぎて死んだ人を見たことはない」。極端な名言ではあるが、私はいつもそうやって「諦めて頑張れ」と励ましていたのだ。

そんな私の言葉がちゃんと選手たちの身体のどこかに刻まれているのは、感慨深いものがある。肉体はいつか衰えるが、刻まれた言葉はことある毎に同じ大きさで再現される。

最先端のトレーニング方法など、私は持ち合わせないし、収集もしない。ただただ子ども達をアスリートとして認め、個々と本気で向かい合い、この可愛い人間たちが、いつかのずっと先に、「あんなに走った時代があった」と思い出し、人間の可能性を体感した強い人間に育っていてくれたらと願うのである。

さぁ、今日もゴシゴシにしごいてあげようか。

久慈直子

監修

久慈 修（くじ おさむ）

19歳で単身ニュージーランドに渡り、日本の夏を知らずに7年間修行。その間21歳（史上最年少）でデモンストレーター認定を受ける。以降SIAのデモンストレーター20期という史上初の偉業を成し遂げ2013年でデモンストレーターの舞台から降りる。「スキーがもたらす旅をより充実したものにするために、一人ひとりにあったサポート」をモットーにトータルスキーオガナイズ（TSO）を立ち上げ現在に至る。公益社団法人日本プロスキー教師協会常務理事。ジュニアレーシング チーフコーチ。ISIAテクニカルコミッティー、SIA理事・教育部部長・技術委員長、SIAチーフイグザミナー、北海道スキー連盟強化コーチなどを務める。

久慈 直子（くじ なおこ）

1985年にスキーインストラクターとしての活動をはじめる。1992年、SIAデモンストレーター初認定。同年にISIA世界スキー教師選手権日本代表を務め、1994年に現在のホームゲレンデである北海道マウントレースイへ移籍。「スキーがもたらす旅をより充実したものにするために、一人ひとりにあったサポート」をモットーにトータルスキーオガナイズ（TSO）を立ち上げ現在に至る。2007年、2008年にはデモンストレーター選考会で総合優勝。2010年よりデモンストレーター選考会のジャッジ、SIAチーフイグザミナーを務める。

モデル

畠中悠生乃、亀渕哲平、
TSOジュニアレーシングチーム

制作協力

マウントレースイスキー場、平和運動公園サングリンスポーツヴィレッジ、
ゆうばり文化スポーツセンター、KJUS

●制作・編集・構成
佐藤紀隆（株式会社Ski-est）
稲見紫織（株式会社Ski-est）

●デザイン
三國創市（株式会社多聞堂）

●撮影
溝口智也（SkySk8）

**スキー　オフトレ実践バイブル
すぐに取り組めるフィジカル&テクニック強化**

2020年8月30日　　第1版・第1刷発行

監　修　久慈　修（くじ　おさむ）
　　　　久慈　直子（くじ　なおこ）
発行者　株式会社メイツユニバーサルコンテンツ
　　　　（旧社名：メイツ出版株式会社）
　　　　代表者　三渡　治
　　　　〒102-0093東京都千代田区平河町一丁目1-8
　　　　TEL：03-5276-3050（編集・営業）
　　　　　　03-5276-3052（注文専用）
　　　　FAX：03-5276-3105
印刷　　三松堂株式会社

©多聞堂,2020.ISBN978-4-7804-2371-6 C2075 Printed in Japan.

ご意見・ご感想はホームページから承っております。
ウェブサイト　https://www.mates-publishing.co.jp/

編集長：折居かおる　副編集長：堀明研斗　企画担当：堀明研斗